Adolph von Knigge

Gesammlete poetische und prosaische kleinere Schriften

2. Teil

Adolph von Knigge

Gesammlete poetische und prosaische kleinere Schriften
2. Teil

ISBN/EAN: 9783744617345

Hergestellt in Europa, USA, Kanada, Australien, Japan

Cover: Foto ©ninafisch / pixelio.de

Weitere Bücher finden Sie auf **www.hansebooks.com**

Gesammlete

poetische und prosaische

kleinere Schriften

von

A. Frhrn. v. K.

Zweiter Theil

Frankfurt am Main
im Andreischen Verlage 1785

Inhalt.

Gedichte

.

Grabschrift.

Hier liegt ein wack'rer braber Mann,
Wie ich's nicht anders sagen kann,
Ein hiesiger Geheimerrath,
Der, wenn er schlief, nichts Böses that,
Nie weinte, wenn er fröhlich war,
Kein Bley, kein Holz, kein Pferdehaar,
Kein Eisen und kein Schuhwachs fraß,
Den Reisbrey nie mit Ellen maß,
Nichts trinken mogte, was nicht floß,
Dem immer was er selbst genöß
Am besten schmeckte — Ueberhaupt
War, wenn man klugen Leuten glaubt,
Der sel'ge Mann so übel nicht;
Hätt' er nur leider! im Gericht
Für Geld nicht die Justiz gelenkt,
Und Wais' und Witwen so gekränkt —
Doch Fehler hat ja jedermann,
Wie dies kein Mensch nicht leugnen kann —
Wo ist der Mann in dieser Welt,
Der allen Leuten wohlgefällt?

Das Opiat.

Herr B.

Herr Doctor! Ach! Ihr Opium
Hilft nicht; Die Nächte gehn herum,
Und kömmt kein Schlaf in meine Augen.

Der Arzt.

Das wäre! Ey! Da muß das Opium nichts taugen —
Doch itzt besinn' ich mich:
Entschlössen Sie wohl gütig Sich
Ein Stück aus der *** lesen zu hören?
Sie sollen bald des Schlafs Sich nicht erwehren
Können. Dies Journal
Thut schnelle Würkung überall,
Wo ich's verordne; probatum est.

Herr B.

Die Cur ist hart — Doch, Kinder! lest,
Lest immer zu! — Es sey darum (sie lesen)
Mein Gott! Das Ding ist gar zu dumm!
Doch, leset, lest! (er jähnt) Es würkt; ma foi!
Ich schlafe halb schon — Ab — Dah! —
                    (er jähnt)
Die — Augen — werden — klein — und — eng —
Bon soir, ma chère, dormés bien!

An meinen Freund R***

Ein sich'rer brüderlicher Freund,
Von Mistraun nie bethört,
Der's immer treu und redlich meint,
Ist mehr als Kronen werth.

Und solchen Freund im Glück und Schmerz
Gab mir der Vorsicht Hand,
Die mein und meines R** Herz
Durch Sympathie verband.

Dir sey dann auch dies Lied geweyht,
Zum Opfer Dir gebracht,
Dir, den Entfernung, Glück und Zeit
Nie kalt für mich gemacht.

Und wenn dies Liedgen Dir gefällt;
So bin ich froh genug —
Was kümmert mich die ganze Welt,
Voll Tücke, Lug' und Trug!

Ich bin kein großer Dichterling,
Doch mein' ich's herzlich gut,
Und wagte für ein edles Ding
Wohl Ehre, Geld und Blut;

Hab' Fehler, wie wohl Andre mehr,
Viel Willen, wenig Kraft,
Bin warm für Tugend, ehre sehr
Vernunft und Wissenschaft;

Leb' übrigens für mich, und will
Von niemand nichts erflehn,
Will unbemerkt, vergnügt und still
Mein grades Pfädlein gehn.

Was schert's mich, ob man mich verkennt!
Bin ich drum wen'ger werth?
Ob man mich oft, ob selten nennt,
Mich tadelt oder ehrt?

Wenn auch wohl Mancher von mir sagt:
Ich sey kein fester Mann,
Weil leicht mein weiches Herz verzagt,
Zu leicht sich ängst'gen kann;

Weil dieses unbefangne Herz
Oft bösen Menschen glaubt;
Weil fremdes Leiden, fremder Schmerz
Mir Schlaf und Ruhe raubt;

Weil, nach Erfahrung mancher Art,
Zum Duldungsgeist gelenkt,
Mein Urtheil nicht so feindlich hart
Den schwächern Bruder kränkt;

Weil ich, nach Spatzens Leidenschaft
Nicht schelte, wenn er schilt;
Weil nicht sein Ton von Kennerschaft
Bey mir für Wahrheit gilt.

Ich will's ihm herzlich gern verzeyhn,
Dem armen kranken Mann;
Er ist (es kann nicht anders seyn)
Am übelsten daran.

Ein leerer Kopf und schwarzes Herz
An einem Stück — Das bleibt
Zum Ernst zu wenig und zum Scherz
Zu viel, wie man's auch treibt.

Drum ist's doch gar ein großes Glück
Um Sanftmuth, Lieb und Treu;
Man fürchtet dann kein bös Geschick,
Verfolgung nicht, nicht Reu,

Hat Wonn' im Herzen, muntern Sinn
Und im Gewissen Ruh;
Dann fließt durch's ganze Leben hin
Uns neues Labsal zu.

Man wandelt, friedlich mit der Welt,
Durch Freuden ohne Zahl,
Und wenn's nicht jedermann gefällt;
So denkt: Giebt's überall

Mehr Narren, Schelm' und Pinsel nicht
Als Leute beff'rer Art?
Es geht zu Waffer, bis es bricht,
Das kleine Krüglein zart.

Drum laß, mein Lieber! vor wie nach
Uns unfern Fußpfad gehn —
Mag doch zur Seite Nacht und Tag
Das Heer der Thoren stehn!

Da gaffen sie, und wetzen gar
Den Zahn; doch lachen wir —
Ihr krümmt mir wahrlich nicht Ein Haar,
Ihr armen Männlein, Ihr!

Und macht dann Einer unnütz sich;
So sprich: „Mosjö! Mosjö!
„Das Ding geht schief; Ich warne Dich,
„Ich warne Dich — Abjö!"

Und nun, mein Bester! sag' auch ich
Abjö! denn mein Gedicht
Ist fertig. Urtheil gütiglich!
Denn beffer kann ich's nicht.

Das Lustspiel.

Herr A.

Wie hat mein letztes Lustspiel Dir gefallen?

Herr B.

Was für ein Lustspiel?

Herr A.

Lieber Gott!
Das letzte, kräftigste von allen,
Die ich geschrieben — Ey! besinne Dich!

Herr B.

Ach ja! Nun eben erst erinn'r' ich mich —
War das ein Lustspiel? — Lieber Gott!
Ich meint' es wär' ein Trauerspiel gewesen —
Da hätt' ich's wahrlich lust'ger sollen lesen.

Der Luftball.

Herr A.

Das Stroh thut's nicht — Noch mehr Papier
           genommen,
Und angesteckt! — Er steigt sonst wahrlich nie —

Herr B.

Wo soll ich denn so viel Papier bekommen?

Herr A.

Nim doch die Schriften der Academie!

Herr B.

Nein, Freund! die brennen gleich so sehr zusammen,
Und würden ihn mit Rauch und bösem Wind
Nur füllen, da von Feuer, Geist und Flammen
Sie gar zu leer und gar zu mager sind.

———————

Das Testament.

Wie wenig ich im Tode hasse,
Beweist dies kurze Testament.
Wenngleich kein Geld ich hinterlasse,
Bey meinem letzten sel'gen End';
Will ich der Leute doch gedenken,
Die so viel Böses mir gethan,
Und ihnen alles, alles schenken,
Was ich mit Recht vermachen kann.
O! süßes Glück, das ich heut habe,
Den ärgsten Feinden wohlzuthun!
Man kann so still im kühlen Grabe
Nach solchen edlen Thaten ruhn.
Drum hört wozu, aus reinem Triebe,
Mich mein Gewissen heute treibt,
So, daß, im Tode noch voll Liebe,
Mein Nahme hier in Ehren bleibt.

Auf tausend sündliche Versehen
Hat Pius Ablaß mir ertheilt;
Da nun, um solche zu begehen,
Der Tod zu schnell mich übereilt;
Erlaub' ich, daß nach meinem Ende
Veit Spitzbach für mich sünd'gen kann,
Mein schlimmer Nachbar, dessen Hände
So manchen Schaden mir gethan.

Mein Weib, die nie Verstellung liebte,
Die, wenn sie Lust zum Zank empfand,
Sich, ohne Rückhalt, an mir übte,
Das gute Weib mag ihre Hand,
So bald ich kalt bin, Kunzen geben,
Dem bösen Wirth im weissen Stern!
Sie werden, hoff' ich, glücklich leben,
Denn gleich und gleich gesellt sich gern.

Im siebenjähr'gen Kriege hätten
Vom englischen Commissariat
Mir, für verlohrne alte Betten,
Die mir der Feind genommen hat,
Noch hundert Thaler werden sollen;
Nur weiß ich nicht von wem und wie
Man diese fordert — Casserollen,
Dem dicken Koch, vermach' ich sie;
Ihm, der so oft aus meinem Stalle
Die jungen Hühner mir entwandt,
Und meine Tauben in der Falle
Zu fangen gar zu gut verstand.

In Wetzlar hab' ich nun seit zwanzig
Bis dreyßig Jahren schon Proceß
Mit einem Manne der in Danzig
Jetzt lebt, und ehemals Receß
Hier in der herrschaftlichen Casse
Verblieben. Eine Forderung
Von mir an diesen hinterlasse
Ich meinem Feinde Madelung.

Er mag den alten Rechtsstreit führen!
Und sollt' es nicht nach Wunsche gehn;
Wird er die Kosten zwar verliehren,
Doch meinen guten Willen sehn.

So hab' ich dann im Grabe Frieden —
Adjö Du falsche, böse Welt!
Was sonst geschehen mag hienieden
Sey Dir, o Himmel! heimgestellt!

Die Bitte.

Mein Freund! Hier schick' ich Dir ein Werk
Von mir, zur Einsicht; Aber merk:
Es ist gar schön, und handelt nur
Vom wahren Geist und der Natur
Der edlen deutschen Muttersprache;
Allein ich bin kein Orthographe,
Auch nicht sehr stark im deutschen Styl;
Drum hör, warum ich bitten will:
Sieh doch einmal, ob hie und da
Nicht gegen die Grammatica —
Darinn peccirt — Zwar hat dies Buch,
Zum Lobe und zur Ehre g'nug,
Der deutschen Gesellschaft Preis davon getragen;
Doch, offenherzig unter uns zu sagen,
Die Herren nehmen es nicht so genau.
Du aber bist's, mein Freund! auf den ich bau'.
Schreibst Du auch mal ein kleines Werk so über
Etwas, wovon Du nichts verstehst, mein Lieber!
So schick mir's gütigst — Jederzeit
Bin ich zum Gegendienst bereit.

Neues Quodlibet, nach dem A, B, C,
in hochdeutscher Mundart gefertigt, und dem
Herrn A *** gewidmet.

A.

Mein lieber A**! Adam hat
Bey seinem Aepfelfraß sich satt
Gegessen wohl vielleicht,
Uns Armen aber, ach! gereicht

B.

Des Bärenhäuters Aepfelbiß
Zum Präjudiz. In Finsterniß
Beelz'bub uns gestürzet hat —
Bamberg ist eine schöne Stadt;

C.

Viel Carmeliter man dort findt;
Auch Carpen da-zu haben sind —
Dies Carmen scheint wohl sehr confus;
Wohl wahr! ich's selbst gestehen muß.

D.

Doch dünkt mich Dichter nehmen's mehr
Nicht so genau. Man liebt nicht sehr
Der alten Barden Kraftgesang;
Der Dudelsack giebt auch 'n Klank. —

E.

Die Ehrlichkeit ist allgemein,
Die Ehe keusch, die Liebe rein —
Kein Esel auf zwey Beinen steht;
S'ist gar curios, wie das so geht!

F.

Die Fürsten gut sind allzumal,
Treu, mäßig, klug, in großer Zahl,
In Frankreichs Sprache hochstudiert,
Zu Lieb' und Frieden angeführt.

G.

Dreht nur die ganze Welt sich um,
Wird Görge weis' und Fritze dumm;
Dann wird auch Satanas galant,
Und S* in Hamburg tolerant. —

H.

Zum Hahnrey wird in dieser Welt
Nur selten jemand aufgestellt —
Hanswurst war doch kein übler Kerl;
Er fand im Kothe manche Perl —

J.

Die Jagd ist fürstlichs Gaudium,
Und wer sie liebt, fürwahr nicht dumm —
Isac wollt' schlachten seinen Sohn;
Er hielt ihn bey der Gurgel schon —

K.

Der Kukuk von sich selbst gern spricht —
Alcest ist ein gar schön Gedicht;
Die beste deutsche Opera,
Trotz aller bösen Critica —

L.

Graf Lampergs Weltmannsmemorial [*]
Fand Lob und Beyfall überall;
Wer sagt, daß es voll Lügen wär,
Der irrt sich wahrlich gar zu sehr —

M.

Die Musen sind den Vetteln gleich,
An Hurerey und Unzucht reich,
Und ihr Bordel ist Nacht und Tag
Ein jeder Musenalmanach —

N.

Die Nonn' im Kloster muß thun Buß;
Viel lieber wär' ihr wohl ein Kuß —
Der Narren giebt es überall;
Wer sonst nichts kann schreibt ein Journal —

---

[*] Memorial d'un mondain.

O.

O Gott! behüt' mich gnädiglich
Vor Otterbiß, Pest, Noth und Krieg,
Vor Ohrenzwang und siechem Leib,
Und auch vor ein gelehrtes Weib —

P.

Am Palmensonntag, ja! gewiß
Mir manche Thorheit hier aufstieß; [2]
Sanct Petrus einen Chorrock trug —
Pomona ist ein herrlichs Buch —

Q.

In Quedlinburg lebt eine Frau,
Die wenig liest; doch ist sie grau
Geworden, ohne diesen Quark —
Im Quodlibet bin ich gar stark —

R.

Wer seine Pflicht thut spät und früh;
(Das Reimen macht mir nur viel Müh)
Ist mehr werth als wer Bücher schreibt,
Aus Ruhmsucht nur, und Unsinn treibt —

[2] Tag, an welchem in katholischen Ländern Processionen gehalten werden.

S.

Soldaten machen oft ihr Glück
Bey Damen, ohne viel Geschick —
Susanna war so tugendreich,
Weil zu ihr kamen zwey zugleich —

T.

Der alte böse Tartarchan
Ist gar ein grausamer Tyrann;
Hätt' manches Männlein so viel Macht;
Wär' ich längst in den Thurm gebracht,

U.

Damit ich schwiege vor der Hand
Zum Unrecht, Trug und Unverstand —
In Ungarn wächst sehr guter Wein;
Doch mögt' ich nicht in Ungarn seyn —

V.

Ein Thor schimpft auf sein Vaterland —
An seinen Federn wird erkannt
Das Vögelein — Victoria!
Bald ist das letzte Verslein da —

W.

In Wien, in Worms, in Witgenstein,
Am Wolgastrom, so wie am Rhein,
Geht's her bald gut, bald schlecht und bunt,
Et bona mixta malis sunt —

X.

Herr Xenophon war General;
Er führt die Griechen allzumal
Durch Artarerres Heer hindurch —
Kennst du den Graf von ** burg? —

Y.

Vom Ysop bis zur Ceder war
Herr Salomon erfahren gar —
Zu Yverdon, da drucken sie
Die schöne Encyclopädie —

Z.

Ein Zeitungsschreiber ist ein Mann,
Der allerley erzählen kann,
Fürs Geld zu loben stets bereit —
Mein Lied zu schliessen ist's nun Zeit —

Ein Gespensterhistörchen.

Ich kam in's Wirthshaus, spät bey Nacht;
Man wies mich in ein Zimmer;
Zwey Betten standen da gemacht —
Ach! ich vergeß' es nimmer —

Mir kam es gleich verdächtig vor,
Und alles schien so traurig;
Oft war's, als lispelt sich's in's Ohr —
Mir ward ganz bang und schaurig —

Die Magd setzt mir ein Licht dahin:
„Beliebt dem Herrn zu speisen?"
„Ach nein, mein gutes Kind! ich bin
„Ermüdet noch vom Reisen,

„Und alles ist, was ich begehr,
„Im Schlaf mich zu erholen;
„Drum gute Nacht! und sonst nichts mehr,
„Und damit Gott befohlen!"

Sie geht; Ich weiß nicht, wie mir wird;
Es fängt an mich zu frieren;
Umher, wohin mein Blick nur irrt,
An Fenstern, Wänden, Thüren,

Dünkt mich, als wenn was kriechen thät,
Als wenn sich's thät bewegen;
Doch leg' ich herzhaft mich in's Bett',
Und sprech' den Abendsegen.

Der Mond, von Wolken halb bedeckt,
Schien schwach nur durch das Fenster —
Ich werde sonst nicht leicht erschreckt,
Und glaubte nie Gespenster;

Doch was mir damals wiederfuhr —
Kann's noch nicht recht verstehen —
Das hab' ich leider! glaubt mir's nur!
Mit Augen klar gesehen.

Erst war's, wie wenn vor Angst und Pein
Ich gar nicht ruhen sollte;
Kaum schlummerte ich endlich ein,
Als plötzlich etwas rollte

Mit dumpfem Lerm, fast wie ein Faß,
Durch's Zimmer hin und wieder;
Da fuhr ich auf, von Angstschweiß naß;
Mir zitterten die Glieder.

Und kaum schlug ich ein Aug' empor —
Ach Gott! was wird das geben?
Da stieg's aus jenem Bett' hervor
Schwarz, rauh, voll Feu'r und Leben,

Schrie, funkelte, handthierte, sprang —
Ich meint' ich müßt' vergehen —
Blies, wimmerte — Mein Lebelang
Hab' ich so nichts gesehen —

Und endlich kam es auch auf mich,
Fieng gräßlich an zu kratzen;
Bald rupft' es mich, bald wälzt' es sich
Auf Kissen und Madrazzen.

Nun schrie ich denn aus vollem Maul:
„O weh! mir armen Christen!
„Ihr Heil'gen Alle, Peter! Paul!
„Verjagt den Antichristen!

„Der Teufel liefert meinen Leib
„Allhier in Ketzersklauen;
„O! helft mir, Kinder, Mann und Weib!
„Ich sterbe fast vor Grauen."

Da stürzte nun der Wirth herein:
„Potz Velten! welch' ein Schwärmen!
„Was giebt's Musjö! Was soll das seyn?
„Was machen Sie für Lermen?"

„Was Musjö hier, was Musjö dort?
„Beym Michel und Sanct Jürgen!
„Schafft mir die bösen Geister fort!
„Der Satan will mich würgen."

Man holt ein Licht, forscht überall,
Bald höher und bald tiefer
Im Zimmer — Ach! und denkt einmal!
Man fand das Ungeziefer.

Da saß es nun gar wunderbar —
War also keine Fratze,
Was ich gefühlt, denn hört: es war —
Die große schwarze Katze.

An ein Veilchen.

O liebes süßes Veilchen!
Ach! blühe noch ein Weilchen,
Bis mein Gedichtgen fertig ist!
Da sitz ich nun, beginne,
Und reime, denke, sinne,
Zu sagen, wie so schön Du bist.

Hat doch so mancher Pinsel
Poetisches Gewinsel,
O Veilchen! Dir zum Preis gebracht:
Wird's doch auch mir gelingen,
Dir etwas darzubringen,
Das Dir und mir nicht Schande macht.

Doch, kurz sind unsre Freuden,
Und mannigfalt'ges Leiden
Folgt jeder Wonne nur zu schnell —
Da kömmt ein dicker Kümmel
Auf seinem schweren Schimmel,
Und trabt Dir grausam auf das Fell.

Da liegst Du nun, o Veilchen!
Zertreten; Vor ein Weilchen
Noch ein gar schönes, buntes Ding!
O wehe dem Poeten,
Deß Heil, in Hungersnöthen,
An Deinem kurzen Daseyn hieng!

An den Philosophen D***.

Schweig doch endlich einmal, Du philosophi=
scher Schwätzer!
Deine Systeme sind Thorheit und Wind.
Sich des Lebens zu freu'n, das nenn' ich herrliche
Weisheit;
Das ist des Mannes von Grundsätzen werth;

Sich des Lebens zu freu'n, und mit Geschmack
zu geniessen,
Was uns die Hand des Schöpfers bescheert,
Mäßig, weise und fröhlich, geduldig bey Leiden
und Schmerzen,
Fern von Tiefsinn, Launen und Gram;

Antheil nehmen am Scherz, am Spiel der
munteren Jugend —
Männlein! das ist Philosophie!
Nicht die Miene voll Ernst, nicht die gerunzelte
Stirne;
Nicht die trockene Metaphysic —

Dunkle, trübe Gewebe, Vermuthung, heil=
loser Wortkram;
Meinst Du, das sey der Weisheit Essenz?
Ist wohl dies ganze Gewäsche, der hypochondrische
Plunder,
Eines Augenblicks Nachdenken werth?

O! der elenden Kunst, die ihren armen Be-
sitzer
Glücklicher nicht, nicht ruhiger macht!
Schweig von künftigen Welten! Lern in der jetzi-
gen leben!
Schleich nicht umher mit finsterem Blick!

Siehst Du nicht, wie Deine Miene nur Lan-
geweile und Mitleid
Jedem denkenden Manne erweckt?
Laufe durch Thäler und Wälder, gebrauche Pur-
ganzen, Clystiere,
Bey Deinem Anfall von Metaphysic!

Glaube mir, Krankheit allein, nicht Schwung
des erhabenen Geistes,
Zeugt Dein schwankendes, schiefes System.
Schicke nicht ferner zu mir; schick zu dem Doctor
und Wundarzt,
Wenn Paroxismus von Weisheit Dich plagt!

II

Briefe

über

Erziehung

Vierter Brief.

Sie klagen, mein Lieber! daß es Ihnen nicht gelingen will, in Ihrem jüngsten Sohne irgend
einen guten Funken zu erwecken. „Liebe, Güte,
„Ehrgeiz, Nacheiferung, Strafe, Schläge; Nichts"
sagen Sie „würkt bey dem Knaben! Er bleibt
„träge, unaufmerksam, leichtsinnig und faul." —
Ich bedaure Sie, mein Freund! Allein ich komme
deßfalls doch nicht von meinem Satze zurück, daß
man aus dem Menschen alles machen kann, wenn
man es nur recht angreift, und anzugreifen versteht. Nun glaube ich wohl, daß Sie es anzugreifen verstehen, obgleich man freylich da nie aus-
lernt, aber ob Sie es darum bis itzt recht ange-
griffen haben, recht angreifen konnten, das ist eine
andre Frage. Sie haben Berufsgeschäfte, können
nicht jede Stunde des Tages Ihren Kindern wid-
men; und doch muß, wer Kinder erziehen will,
darauf Verzicht thun, irgend etwas Anderes nebenher zu treiben. Ja! wenn Sie gewiß wären,
daß Ihre Frau, Ihr Gesinde, und kurz! alles,
was um Sie her lebt, genau Ihren Plan kennte,
verfolgte, mit eben so viel Pünktlichkeit, Beharr-
lichkeit, Beobachtungsgeist und gleicher Laune;
Aber so wird, in dem Augenblicke, da Sie den

Rücken wenden, etwas hineingewürkt, und Sie können (so wenig wie ein Arzt, dessen Kranker, in seiner Abwesenheit, von der strengen Diät abweicht) nie gewiß seyn, ob Ihre Arzeney die einzig rechte würksame war, oder nicht. Dieß tritt besonders bey solchen Kindern ein, die von Natur weniger fein organisirt, oder in den ersten Jahren vernachlässigt worden sind; denn bey Einigen von feinerer Composition oder früherer Entwicklung wird die Arbeit freylich ein leichtes ergötzendes Geschäfte. Dabey aber bleibe ich, daß nicht Ein Kind auf die Welt kömmt, aus dem nicht, wenn man nur das rechte Mittel trifft, endlich ein nützlicher, guter Mensch zu ziehen wäre, obgleich nicht aus jedem ein feiner Kopf, ein Gelehrter, ein großes Genie. Nur muß man sich die Mühe nicht verdriessen lassen, sondern mit der Methode so lange abwechseln, bis man die rechte trifft.

Uebrigens wissen Sie auch, mein Freund! daß nicht bey jedem Kinde sich Talente und Anlage gleich früh entwickeln.

Ihr jüngster Sohn scheint sehr viel Körper zu haben; Vielleicht treffen Sie den rechten Weg, wenn Sie Ihre Frau abhalten, diesen grossen Klumpen Materie täglich durch fünf Malzeiten noch immer schwerer, zur größten Last des gedrückten Geistes, zu machen. Das glaube ich nun wohl, daß der Knabe nie eine große, glänzende

Rolle in der Welt spielen wird — Wird er aber deswegen weniger glücklich seyn? Gewiß das Gegentheil! Ueberhaupt versehen wir es in der Erziehung mehrentheils darinn, daß wir uns ein Ideal festsetzen, und nach diesem die Natur zwingen wollen, sich formen zu lassen. Wenn dann der Schöpfer ein Anderes beschlossen hat mit seinem Geschöpfe; so nehmen wir es übel, daß das würkliche Kind nicht aussehen will, wie das Kind unsrer Fantasie. Und doch wäre das wahrlich eine armselige Welt, in welcher jeder Sterbliche neue Menschen schaffen könnte, nach seinem Ebenbilde.

Für Eines muß ich Sie warnen, und das ist, für unvorsichtige Anwendung körperlicher Strafen. Es giebt freylich also organisirte Geschöpfe, bey denen man ganz ohne Schläge nichts ausrichten zu können scheint; doch kann dies nur in einem gewissen Alter und mit äusserster Vorsicht gelten. Wie jede starke Arzeney zuletzt ihre Kraft verliehrt, wenn man sie zu oft gebraucht; so geht es auch mit diesen gewaltsamen Mitteln. Man muß bey der Erziehung so fein die Abstufungen der Strafen und Belohnungen, oder vielmehr der guten und bösen durch uns gelenkten Folgen der Handlungen der Kinder abmessen, so fein, wie eine Cokette die Gunstbezeugungen für den Jüngling, den sie auf immer fesseln will, und wie der Schwelger, bey Einrichtung eines Gastmals, die Ordnung der reizenden und sättigenden Speisen. Dazu kömmt, daß es erstaunlich schwer ist, zu schlagen, ohne aufgebracht und zornig zu werden, und dann ist alles verlohren. Es liegt in der menschlichen Natur, Kraft gegen Kraft, oder wo das nicht geht, wenigstens Leidenschaft gegen Leidenschaft anzuspannen, und daher erweckt Zorn des Strafenden gar leicht Rachsucht oder Haß des Gestraften. Kinder, die man oft schlägt, werden gewöhnlich tückisch.. Traurig aber, daß es so unerhört schwer ist, ein anderes gelinderes Mittel zu finden, bey Kindern, die man nicht von ihren ersten Jahren an unter Aufsicht gehabt hat, bey denen schon manche Stufe übersprungen, manche Arzeney kraftlos geworden.

Ihr Sohn, sagen Sie, beweiset auch so wenig Eifer und Achtsamkeit beym Lernen. Auch hier, mein Bester! muß ich Ihnen offenherzig gestehen, glaube ich, daß Ihre übrigen Geschäfte Sie abhalten, den rechten Zeitpunct, die rechte Methode und die beste Folgenreyhe der zu lernenden Kenntnisse zu wählen. Nur ein kleines Beyspiel! Mein Sohn will und kann das Ein mal eins nicht in den Kopf kriegen; Aber er kegelt gern. Wie, wenn er nun zweymal hintereinander 4 würfe, und ein anderer Knabe, welcher mit ihm spielte, wollte behaupten, mehr geworfen zu haben, obgleich er nur zweymal 3 getroffen hätte; so würde mein Sohn ihm begreiflich machen müssen, daß 2 mal 3 nur 6, hingegen 2 mal 4 volle 8 machte. Wie

würden ihm das aber nicht auf sein Wort glauben, und man würde das Ein mal eins aufschla-
gen müssen, um den Streit zu entscheiden. Er
würde nun sehen, daß ihm das Ding nützlich zu
wissen wäre, und von selbst darauf fallen, besonders, wenn ich ihm etwa sagte, daß ich den Zank
beym Kegelspiel nicht leiden könnte, und daß nur
Leute, die das Ein mal eins können, ohne Zank
spielen, und überhaupt spielen dürften. Dergleichen
Fälle wird man hundert finden, wenn man auf-
merksam ist, und ist es Ihnen in einem Fache ge-
lungen, dem Kinde Geschmack am Lernen und Zu-
friedenheit mit den erlangten Kenntnissen beyzu-
bringen; dann sey Ihnen für das Uebrige nicht
bange! Nur ketten Sie den Unterricht gehörig an
einander!

Eine der größten Sorgen aber müsse seyn, den
Kindern beständige Thätigkeit zu einem Bedürfnisse,
und Langeweile zu einer unerträglichen Last zu machen. Es ist nicht nöthig, daß sie immer arbeiten,
sie müssen auch spielen, aber nie, nie, keinen Augenblick des Tages gar nichts thun.

Ich habe, als ich neulich bey Ihnen war, bemerkt, daß Ihre älteste Tochter die Andern gern
neckt, frettet, ihnen aus Scherz widerspricht, etwas wegnimt, um sie einen Augenblick zu beun-
ruhigen, oder die Thür zuhält, um sie einzusper-
ren, u. d. gl. m. So etwas leide ich nie. Es

legt den Saamen zu einem schadenfrohen, einem
pfündlichen, zweydeutigen Character. Ich leide
auch nicht, daß man den Kindern dergleichen
thue.

Wer sich je damit abgegeben hat, Andre zu
unterrichten, der wird gewahr geworden seyn, wie
viel man selbst beym Lehren lernt, was man vorher übersah, oder nicht so bestimmt wußte. Ferner
pflegen die Kinder selten zu fühlen, welche Arbeit
es ist, Unterweisung zu geben; Sie empfinden
es nicht so lebhaft, daß es an ihnen liegt, wenn
es nicht geht, sondern denken oft, der Lehrer for-
dere zu viel, wenn er klagt, daß sie nicht fort-
rücken. Diese beyden Betrachtungen haben mich
bewogen, meinen ältern Kindern zuweilen den Unterricht der Jüngern, unter meiner Aufsicht anzu-
vertrauen, und ich habe herrlichen Nutzen davon
gespürt.

Sie fordern von mir einen Plan, wie Sie die
Lectur für Ihre Tochter stufenweise wählen, was
für Bücher Sie dieselbe zuerst, und welche nachher lesen lassen sollen. Mein Freund! ich gestehe
Ihnen, daß ich hier Ihre Erwartung nicht erfüllen kann. Daß man einem Kinde, das Gellerts
Fabeln noch nicht versteht, den Messias nicht zu
lesen geben soll, wissen Sie so gut als ich. Ihnen
aber ein vollständiges Verzeichniß solcher Bücher
aufzuschreiben, deren eines jedesmal die in dem

Vorigen gesammleten Ideen und Kenntnisse ent=
wickelt, erläutert, berichtigt — Wie kann ich
das? Haben wir vollständige Kinderbibliotheken,
für jedes Alter? Ja! wir haben etwas von der
Art; aber ganz ist es nicht, wie es seyn sollte.
Und dann lassen sich ja auch ohnmöglich alle Kin=
der auf einerley Art behandeln. Manches hat
aus dem Umgange Ideen gesamlet, die dem An=
dern ganz fremd sind. Verschiedenheit des Hangs,
der Verstandeskräfte, der Aufmerksamkeit — Mit
Einem Worte! unzählige Rücksichten machen hier
allgemeine Systeme ohnmöglich. Ach! das Kün=
steln thut ohnehin nicht gut. Gewöhnen Sie nur
das Kind, Sie um alles zu fragen, was es nicht
versteht, Ihnen zu erzählen, was es gelesen hat,
und nicht blos Worte, sondern Sachen zu lernen —
Aber das ist schwerer als man glaubt; Haben
doch die mehrsten erwachsenen Menschen nur
Wortbegriffe!

Da wir uns nächstens sehen werden, mein
Bester! so wollen wir über diese Gegenstände schon
einmal weitläuftiger reden.

Fünfter Brief.

Ich habe die sehr interessante Bekanntschaft des Herrn von L**, der als Prinzenhofmeister nach M*** geht, gestern gemacht. Er scheint mir ein sehr verständiger, wackrer Mann zu seyn. Sein ofnes, freundliches und feines Gesicht, sein edler-sanfter Anstand, der Ton seiner Stimme, sein ganzes Aeusserliches schon muß den Kindern Zutrauen und Liebe zu ihm einflößen; und so kurze Zeit ich auch nur das Glück seines Umgangs genossen habe; so leuchtet mir doch aus jedem seiner Gespräche Geist, Kenntnisse, Geschmack und Studium hervor. Auch ist er grade noch in dem Alter, und von einer Gemüthsart, wie ich immer wünsche, daß Erzieher seyn mögten. Ein alter, oder kränklicher, oder allerley Launen unterworfener Mann, mag sich noch so sehr stimmen wollen nach dem Ton der Kinder; er wird doch oft in einem Augenblicke mehr verderben, als er in langer Zeit gut machen kann. Zwar haben hingegen junge Männer selten Geduld genug. Der Herr von L** aber scheint Alles zu vereinigen, und darum glaube ich, daß die Prinzen gewiß glücklich seyn werden, die man seiner Leitung anvertrauet.

Wir haben ein Langes und Breites über Erziehung, und vorzüglich über Prinzenerziehung geredet.

Ich höre ungern, daß man so oft zu sagen pflegt:
„Es sey eine undankbare Arbeit, Fürstenkinder zu
„bilden; selten sey man so glücklich, Ehre einzu=
„legen, und die Hofmeister würden für ihre über=
„große Mühe nicht genug belohnt." — Belohnt?
Als wenn Handlungen, die unmittelbar das Beste
der Menschheit befördern, sich bezahlen liessen!
als wenn es nicht schimpflich wäre, dabey nur ein=
mal an Lohn zu denken! Alle Schätze der Erde
sind nicht hinreichend zum Lohn des Mannes, der
Menschen glücklich macht, sie zur Weisheit und
Tugend bildet. Aber ich denke, dies Geschäft be=
lohnt sich ja selbst, wie jede edle Verwendung zum
Wohl der Welt.

Die zweyte Klage aber, daß man selten Ehre
dabey einlege, oder daß die Erziehung der Fürsten=
kinder selten gerathe, ist, wie mich dünkt, eben
so ungerecht. Es giebt doch wahrlich manche gute
Prinzen in dieser Welt, und es würde ihrer noch
mehr geben, wenn weniger Politik, Vorurtheil und
Rücksichten, als vernünftige Ueberlegungen bey der
Wahl ihrer Hofmeister und Unterweiser zu Rathe
gezogen würden.

Wenn man sieht, welchen elenden Menschen
zuweilen die Bildung derer anvertrauet wird, de=
nen einst das Ruder der Staaten in die Hände ge=
geben werden soll; so wundert man sich gar nicht
mehr über manche nachher folgende Sultansstreiche.

An dem einen Hofe hat der Justizminister den Auftrag sich nach einem Prinzenhofmeister umzuhören, an dem andern der Oberstallmeister, an dem dritten die Kammerfrau, an dem vierten ein General, an dem fünften ein Professor, und an dem sechsten wohl gar ein Beichtvater, je nachdem der Ton der Andächteley, des Militairs oder irgend sonst ein Ton dort herrscht; und da schiebt dann ein solcher Mäcen eine seiner Creaturen, oder irgend einen armen Vetter, dem es sonst nirgends hat glücken wollen, in diesen Posten. Oder trifft man ein Subject an, das alle Eigenschaften zu einem Prinzenhofmeister hat, und es ist unglücklicherweise nicht von Adel — ja! da ist es wieder nichts; Oder der Mann muß durchaus lutherisch oder calvinisch, — oder Gott weiß von welcher Secte seyn; Oder man will platterdings keinen andern, als einen Schweizer haben.

Endlich, wenn denn nun auch alle Erfordernisse in der Person eines Mannes zusammentreffen; so wird ihm mehrentheils nicht freye Hand gelassen. Er muß nach einem ihm vorgeschriebenen Plane seine Zöglinge erziehen, darf weder ihre physische Behandlung, noch ihre Diät, noch ihren Umgang, noch die Eintheilung ihrer Stunden, noch ihre Bedienung, noch ihren Anzug, noch die Reyhe ihrer Stunden nach seinem Kopfe einrichten; sondern alles geht seinen Hofschlendrian. Viele Stunden des Tages werden im Vorzimmer, unter sinn-

losen Gesprächen verschleudert, oder wenn der
Bube zehn Jahr alt ist, wird er zum Obristen, zum
General gemacht, ihm auch wohl ein Ordensband
umgehängt, womit zu einer andern Zeit die Ver¬
dienste des Greises gekrönt werden, und worauf
selbst der Hofmeister noch in zwanzig Jahren nicht
Anspruch machen kann. Wer nun, trotz aller die¬
ser und unzähliger andrer Schwierigkeiten, den¬
noch etwas Vernünftiges aus einem Prinzen macht,
der hat wahrlich großes Verdienst, ja! wer nur
das größere Uebel verhindert, und, besser als ein
Anderer thun würde, gegen alle diese Hindernisse
des Guten kämpft, der treibt gewiß keine undank¬
bare Arbeit.

Dies läßt sich denn auch würklich thun, und
ein Mann, der über Erziehung nachgedacht hat,
wird, selbst aus solchen Anstalten, wodurch andre
Prinzen verderbt werden, Mittel zu der Bildung
seiner Zöglinge zu schöpfen wissen. Wenn Schmei¬
cheley von einer Seite uns blind gegen unsre Feh¬
ler macht; so ist sie von einer andern doch in der
That ein mächtiger Sporn zur Vervollkommung.
Wenn wir sehen, daß auch das geringste Gute,
das wir thun, nicht unbemerkt noch ungelobt
bleibt; so können wir wohl angereizt werden,
durch noch bessere Handlungen noch größeres Lob
zu verdienen, und ein Prinzenhofmeister hat Gele¬
genheit die unverdiente Schmeicheley der Hoffchran¬
zen als Zuruf an das Gewissen des Prinzen zu

nützen. Je gröber und übertriebener dann diese
Schmeicheley ist, um desto beissender wird sie dem
Knaben seyn, der sichs gar nicht verhelen kann,
wie viel ihm fehlt, um dieses Lobes werth zu seyn,
wenn man ihn nemlich gewöhnt hat, sich selbst zu
respectiren. Die Zerstreuungen des Hoflebens kann
man ihm so zum Ekel machen, und die den Studien
und stillen Freuden gewidmeten Stunden mit so viel
Süßigkeit vermischen, daß er sich sehnen muß nach
seinem Zimmer, nach seinen Büchern, nach socra-
tischen Gesprächen und einsamen Spaziergängen
mit seinem Führer; und so wird es einem verständigen Manne nicht schwer werden, selbst aus den
giftigsten Dingen kräftige Arzeneyen für die Seele
zu ziehen.

So wie überhaupt keine Tugend mehr die
Menschheit würdigt, als wahre Gerechtigkeit; so
glaube ich, daß vorzüglich bey Erziehung der Prinzen das ganze Augenmerk des Führers dahin ge-
richtet seyn solle, sie zu überzeugen, daß der
Mensch, welcher immer gerecht gegen sich und
Andre handelt, die höchste Stufe irdischer Vollkommenheit erlangt hat.

Die Gerechtigkeit, im ganzen Umfange des
Worts genommen, begreift alle Tugenden in sich.
Da sie genau alles abwägt, was gefordert und
geleistet werden kann, mit Rücksicht auf Umstände
und Hindernisse; da sie nie vergißt, was sie sich

und Andern schuldig ist; so wird sie aus festem Grundsatze thun, was die sogenannte Liebe und Güte nur aus Temperament und Leidenschaft vornimt.

Ein Fürst, der immer, bey allen seinen Schritten, gerecht handelt, alles nach graber Vernunft und Ueberlegung thut, sich nie weder von guten noch bösen Aufwallungen hinreissen läßt, etwas zu unternehmen, wovon er sich nicht Rechenschaft geben kann, der ist gewiß das höchste Ideal eines guten Regenten, und sollte auch keine Annecdoten von seiner Großmuth und Freygebigkeit je in die Zeitungen kommen.

Wenn ich daher einen Prinzen zu erziehen hätte; so würde ich bey ihm alle Würkungen solcher Dinge zu entkräften suchen, die Leidenschaft reizen und in Bewegung setzen. Auch sollte er mir nicht glänzen, nicht scheinen, nicht schimmern — Würde, Grabheit, Klarheit — nicht Geniewesen; Geschicklichkeit, wahre Kenntnisse, — nicht sogenannte Liebhaberey; richtige Begriffe von der Glückseligkeit treuer ehelicher Bündnisse — nicht romanhaftes Gefühl für die Wonne der Liebe; Freude an dem Umgange und an der Verbindung mit verständigen und tugendhaften Menschen — nicht Sehnen des weichen Herzens nach sympathetischen Busenfreunden; Heilighaltung der bürgerlichen Verfassung und des Staats, dem er seine

Exiſtenz zu verdanken, und dem er Rechenſchaft zu
geben, hat — nicht väterliche BarmherzigkeitsSauf-
wallung für das Wohl ſeiner armen Kinder.

Aber ich ſehe, daß ich Ihnen eine lange Pre-
digt über Fürſtenerziehung gehalten habe. Wie,
in aller Welt bin ich dazu gekommen? — Verzeh-
hen Sie meine Geſchwätzigkeit! Ich bin u. ſ. w.

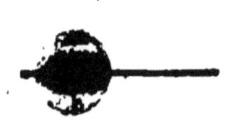

III

Vermischte Aufsätze

Ueber die deutsche Schaubühne.

Fortsetzung.

Wenn ein Schauspieler lange an einem Orte
bleibt, und das Publicum nun einmal ein
gutes Vorurtheil für sein Spiel hat; so pflegt ein
Solcher leicht faul in seiner Kunst zu werden; Er
ringt nicht mehr nach Beyfall, und wenn er einmal nicht Lust hat, sich Mühe zu geben; so spielt
er nachlässig, weil er denkt, die Leute wüßten ja
doch, daß er es besser könnte. Dazu kömmt, daß
würklich ein großer Theil der Illusion wegfällt,
wenn der erste Liebhaber in jedem Stücke immer
daffelbe Gesicht, wenigstens dieselbe Figur hat,
wenn auch seine Mimik so weit geht, daß er sein
Gesicht nach den Rollen umformt; und endlich gewöhnt sich auch das Publicum zu sehr an Eine Manier, sieht nicht denselben Character auf verschiedene Art behandelt, folglich bleiben Geschmack und
Kenntniß immer auf Einem Puncte stehen. Um
dies zu vermeiden, müßten einige deutsche Höfe
und Städte einig mit einander werden, ihre Schauspieler auf gleichem Fuße zu besolden, und dann,
etwa alle zwey Jahre, mit einzelnen Subjecten zu

tauſchen. Der zärtliche Vater des manheimer Theaters müßte, nach Verlauf dieſer Zeit, mit dem zärtlichen Vater des hamburgiſchen Schau= ſpiels wechſeln u. ſ. f. Daraus würde dann, auſ= ſer der Vermeidung der vorher angezeigten Unan= nehmlichkeiten, noch der Vortheil einer Nacheife= rung entſtehen, die immer der Kunſt ſehr zuträg= lich iſt; dann jeder würde ſich bemühen, die Gunſt des Publicums, die ſein Vorgänger genoſſen hätte, gleichfalls zu verdienen.

Ich weiß nicht, warum nicht auf allen deut= ſchen Schaubühnen eine einzig rechte Mundart, nach welcher man nemlich die Silben grade ſo aus= ſpräche, wie ſie geſchrieben werden, eingeführt werden könnte. Spre ſollte man in Ewigkeit nicht Schpre und Ste nie Schte ausſprechen. Der Baier, der Oeſterreicher und der Schwabe, die ohne Vorurtheile ſind, müſſen geſtehen, daß hierinn, ſo wie in Unterſcheidung des g und k, des b und p, des ü und i und des ö und e der Niederſachſe rich= tiger redet, und doch hört man auf allen unſern deutſchen Schaubühnen das Gegentheil. Kann der Umſtand, daß in dem größten Theile von Deutſch= land, Leute, welche ihre Sprache nicht ſtudieren, unrecht reden, für die Uebrigen ein Geſetz machen?

Ich halte es für ein Vorurtheil, wenn man glaubt, die einzeln ſtehenden Couliſſen wären für die Perſpective und zu Vorſtellung größerer Entfer=

nung vortheilhafter. Ein geſchickter Maler wird
ganze Seitenwände eben ſo perſpectiviſch zu malen
verſtehen. Dazu kömmt noch, daß, wenn etwa
durch ſchiefes Annageln auf den Rahmen, oder
durch einen andern Umſtand die Linien der Flügel
nicht genau auf einander paſſen, der beſſere Effect
wegfällt. Sodann iſt doch, auch bey der beſten
Bauart eines Theaters, nicht zu vermeiden, daß
nicht wenigſtens ein paar Seitenlogen zwiſchen die
forderſten Couliſſen hinſehen, dort die Lichter,
Lichtputzer, die übrigen Schauſpieler und Schau-
ſpielerinnen nebſt deren Freunden, Mägden, Fri-
ſeurs u. ſ. f. gewahr werden, und dadurch aus der
Illuſion gebracht werden ſollten. Ich mögte daher anrathen, Verſuche mit zwey ganzen Seiten-
wänden zu machen. Die Veränderungen des Theaters würden ohnſtreitig ſchneller von Statten gehn,
denn das Ganze würde auf einmal wie ein Vor-
hang heruntergelaſſen; Aber bey der Beleuchtung
könnten ſich Schwierigkeiten äuſſern. Doch auch da
wäre zu helfen, beſonders wo die Scene ein Zimmer vorſtellte. Vielleicht könnte man dann ſogar
mit würklichen Fenſtern, durch welche das künſtlich
mit Spiegeln verſtärkte Licht hereinfiele, das Ta-
geslicht beſſer nachahmen, falſche Schatten vermeiden, auch wohl an den Unkoſten etwas erſparen.
Ich meyne gehört zu haben, daß in Italien ſich
ein ſolches Theater befindet.

Auch soll man daselbst den Versuch mit einem dreyfachen Schauplaße gemacht haben. Es ist gewiß, daß, wenn zwey Nebentheater zu beyden Seiten des Großen wären, nicht nur manche doppelte Scenen höchst interessant werden, sondern auch das Gehen aus einem Zimmer in das andere, und aus dem Hause auf die Gasse viel natürlicher vorgestellt werden könnte. Da ließen sich Situationen anbringen, die man ißt vermeiden muß, oder die, wenn sie der Dichter darstellen will, bey der Aufführung sehr unnatürlich ausfallen.

Man pflegt gewöhnlich zu klagen, daß unsern Dichtern nicht mehr viel Charactere darzustellen übrig bleiben; und würklich sollte man fast glauben, es sey also, wenn man sieht, wie manche unsrer jetzigen dramatischen Schriftsteller, um etwas Neues zu liefern, aus undique collatis membris, Personen zusammenflicken, die ein abentheuerliches Compositum ausmachen. Freylich sind von unsern Vorgängern, vorzüglich von den Franzosen, die Hauptausartungen und Verirrungen des menschlichen Geistes und Herzens auf die Bühne gebracht worden. Der Geizige, der Verschwender, der Ruhmsüchtige, der Spieler, der Zerstreuete, die Cokette, der Rachgierige und alle Haupttorheiten und Laster sind bearbeitet. Allein, abgerechnet, daß alle solche Charactere durch die unendliche Menge der zahllosen Nüancen, neues Interesse bekommen; so erhalten sie auch, durch Ver-

pflanzung in fremden Boden, einen andern Wachs,
wie ich schon oben gesagt habe. (Im 1sten Theile,
Seite 88.) Endlich hat auch unser Vaterland
noch manche ziemlich eigenthümliche Fehler, und
manche Originale aufzuweisen, deren sich die Ausländer nicht also rühmen können. Unser Ahnen-
stolz, unsre Fürstenanbethung, der Sultanismus
der unzähligen kleinen deutschen Fürstlein, unsre
Landjunker, der Durst der Deutschen, die über-
triebene Schwelgerey in einigen Provinzen, unsre
Nachahmungssucht, der Ton in den Reichsstädten,
der Reformationsgeist, die Titelsucht, deutsche
Complimente und Curialien, die Aufklärungs-
krankheit, die Wuth nach geheimen Verbindungen
und Mystik, Vielschreiberey, Justizwesen nach rö-
mischem Schnitte, Toleranz — Ein reiches Feld!
Nein! das dürfen wir nicht auf uns sitzen lassen,
daß wir nicht einmal so viel characteristische deutsche Narrheiten aufzuweisen hätten, daß daraus
Stoff zu einem halben Hundert neuer Lustspiele
zu nehmen wäre.

Eben so ungerecht ist die Klage, daß unsre
Dichter, Künstler und Schauspieler nicht genug
aufgemuntert, und zu schlecht bezahlt würden.
Grade das Gegentheil! Wir verderben diese Men-
schen nur gar zu gern in Deutschland durch frühes
Lob und durch Schmeicheley. Wenngleich unsre
Schauspieler nicht, wie in England, im Grabe
neben unsern Königen verwesen; so füttern wir sie

doch bey Lebzeiten ganz gut, wenn sie anders gute
Wirthe seyn wollen. Fragen Sie einmal an manchen Höfen: wer besser bezahlt wird, ob der erste
Schauspieler, oder der geschickteste Regierungs-
rath? Uebrigens aber läßt sich auch das Talent
gar nicht bezahlen, und die Erfahrung aller Zeiten
lehrt uns, daß die kümmerlichsten Umstände mehrentheils dem Genie den größten Schwung gegeben
haben, da hingegen die Künstler im Wohlleben
nicht selten anfiengen faul zu werden. Der Sänger
des Odysseus, der Vater der cothurnata Philoso-
phia, der Mann, den der Adler mit einer Schild-
kröte todt warf, und dessen noch größerer Schü-
ler [1], waren gewiß weder reich noch geschmeichelt.
Plautus arbeitete in einer Stampfmühle, und Te-
rentius war Bedienter bey einem römischen Kriegs-
und Domainenrath, der ihn seiner Talente wegen
ausser Livree setzte.

Warum treiben aber unsre Schauspieler nicht
nebenher ein bürgerliches Geschäft? Freylich müßten sie dann nicht wöchentlich dreymal spielen,
welches überhaupt ein allen Nutzen des Schauspiels
vereitlender Mißbrauch ist. Wenn aber in einer
Stadt Leute, die Talent für das Theater hätten,
und nicht so mit Geschäften überladen wären, daß
es ihnen an Muße fehlte, die Kunst zu studieren,
sich in eine oder mehr Gesellschaften verbänden,

----

1. Homer. Euripides. Aeschilus und Sophocl-

und abwechselnd auf einem öffentlichen Theater, unter Direction eines von der Obrigkeit dazu ernannten Mannes, Schauspiele gäben; Wenn sodann von der Einnahme die Unkosten bestritten, und die Ueberschüsse den Armen gegeben würden; so, dächte ich, könnte man an viel Dertern nützliche, wohlfeile und gute Theater haben, wo jetzt hausirende kleine Banden Geschmack und Sitten verderben.

Ueberhaupt aber müßte man ernstliche Maßregeln nehmen, die kleinen elenden Schauspielerhorden auszurotten, die sich so unendlich in unsrem Vaterlande vervielfältigen, unter Directionen von Leuten, die oft nicht Ein deutsches Wort richtig auszusprechen verstehen, und nicht die geringsten Talente noch Kenntnisse haben. Dies alles aber werden wohl fromme Wünsche bleiben, so lange man es nicht der Mühe werth hält, auf Reichstägen, welche doch Nationalzusammenkünfte sind, über solche Gegenstände, die wohl mehr Einfluß auf die Sitten haben, als man zu glauben scheint, Berathschlagungen zu halten.

Liebhabertheater sind itzt in viel Städten von Deutschland anzutreffen; allein wo diese nicht unter der Aufsicht geschickter Dramaturgen stehen, da sind sie mehrentheils nur ein unnützer Zeitverderb, und geben nebenher zu manchen Zwisten, wo nicht u ärgern Dingen Anlaß. Bey der besten Absicht

erreichen solche gesellschaftliche Bühnen zuweilen
keinen höhern Grad von Vollkommenheit, als die
Spiele der kleinen herumziehenden Banden. Folgendes ist die Abschrift einer Nota, welche unter
dem Commödienzettul stand, den eine Liebhaber-
gesellschaft noch in vorigem Jahre in F** aus-
theilte. Sie führte die Drillinge auf, und unten
auf dem Ankündigungsblatte las man:

„Um unserm so lieben Publicum das Schöne
„dieses so herrlichen Stückes in seiner ganzen
„Größe kosten zu lassen, finden wir eine kleine
„Anmerkung nöthig — Die drei erstern Rollen
„machet ein Akteur. Zu mehrerer Deutlichkeit also,
„um sie nicht miteinander zu verwechseln, wird
„er sich, nach seinen ganz verschiedenen Charakters,
„durch folgende Kleinigkeiten im Anzuge zu unter-
„scheiden suchen. — Ferdinand trägt eigenes
„Haar und einen Degen; Ferdinand der Seefah-
„rer eine Perücke und einen Stock; und Ferdinand
„von Meissen einen goldenen Tressenhut und lange
„Weste. — Wir schmeicheln uns zum Voraus
„ihres Beifalls, da es zum Lachen eingerichtet,
„und der Faschingszeit vollkommen angemessen ist.
„Um halb 3 Uhr wird angefangen." — Sprach-
fehler und Styl ohngerechnet! Sind solche Anmerkungen nicht ganz in dem Tone von weiland
Herrn Leppertts Zeiten?

In manchen Gegenden von Deutschland reißt der Geschmack an Operetten gar zu sehr ein. Wenn man das Unnatürliche dieser Gattung Schauspiele betrachtet; wenn, man überlegt, welche elende kleine, unbedeutende, oft sehr unmoralische Intrigue bey diesen Possenspielen zum Grunde liegt, besonders bey den französischen (von den italienischen Farcen dieser Art will ich nicht einmal reden) so sollte man sich billig wundern, daß das Publicum dergleichen so häufig sehen mag. Die artige Musik lockt freylich die Leute heran. Allein es ist übel genug, daß unsre Musik nur artig ist, daß die Tonkunst — bey den Alten als großes Seelen erschütterndes Ressort angewendet — bey uns zu einem Spielwerke für jeden Gassenbuben herabgewürdigt ist. Wenn der griechische Gesetzgeber glaubte, Musik mache überall zu weich, zu schlaff; was würde er von unserm heutigen Getriller und Geleyer, von unsern Rondeaux, Allegretti con Variazioni, Romanzen und dergleichen urtheilen?

Man wundert sich zuweilen, wenn die Sänger schlechte Schauspieler sind, wenn sie nicht zu fühlen scheinen, was sie sagen, wenn sie zu wenig durch Gebehrdensprache den Sinn des Gedichts verstärken. Man überlegt aber nicht, daß dies sehr oft an dem Tonsetzer liegt. Wenn dieser, wenig bekümmert um den Ausdruck des Ganzen, seine Luftsprünge und Spielereyen da anbringt, wo

ihm das Glück ein a oder o in die Hände spielt,
welches er einige Minuten lang herumpeitschen
kann; wenn der Sänger bey dem Gesange, der
nicht innige Herzenssprache sondern künstliche Mo-
dulation, Wettstreit zwischen Kehle und Begleitung
ist, nur immer Acht auf das richtige Zusammentreffen aller dieser verwebten Gänge haben muß;
Kann man es ihm dann verdenken, wenn er nichts
mehr fühlt, als höchstens die Freude des künstlichen Wetteifers? Ich glaube, daß die beste
Probe für Theatermusik die ist, wenn man dabey
leicht, gut und richtig declamiren und agiren kann.
Ein paar Opern von Gotter mit Benda's Musik,
gegen französische Singespiele gehalten! und man
wird sich davon überzeugen. Es ist bekannt, daß
keine Tonsetzer sorgloser darinn sind, als die italienischen. Die Composition einer großen Oper
ist bey ihnen das Werk von wenig Wochen; die
Recitative werden mit einer Nachlässigkeit hingeschrieben, die man kaum glauben sollte, und jeder Sänger flickt seine Bravourarien, die er am
besten singt, hinein, wo es ihm eben gefällt.

Ueberhaupt wünschte ich am wenigsten, daß
wir den italienischen Geschmack in unsern Schau-
spielen nachahmten, und ich sehe mit Widerwillen einige neuere deutsche Stücke, die nach solchen
Mustern zugeschnitten sind, und in welchen Verwick-
lungen, Misverständnisse, und dergleichen Spiele
des Witzes, die Hauptgrundlage ausmachen.

Der selige Sturz sagt in seinem Brief an die hamburgischen Theaterunternehmer: „Er bedaure „aus viel Ursachen nicht sehr den Verlust der Kunst, „welche die Alten gehabt hätten, ihre Declamation „in Noten zu setzen." Ich wünschte, er hätte seine Gründe hinzugefügt, dann ich bekenne, daß, so viel ich die Sache einsehe, ich sehr diesen Verlust bedaure. Aber sollte er unersetzlich seyn? Freylich müßte man eine andre Art von Tonleiter und feinere Interwalle erfinden, als unsre musikalischen; Aber wenn dies dann zur Vollkommenheit gebracht wäre — welch ein Vortheil für Schauspieler und Tonsetzer! Diese brauchten dann nur das Gedicht zu declamiren, um zu wissen, wie die Sprache in die ihrige zu übersetzen, zu vereblen und zu erhöhen wäre.

Man hat seit zehn Jahren viel Versuche gemacht, Declamation mit Musik, im Duodrama, und Monodrama zu verbinden. Man glaubt, daß diese Gattung wenig Dialog verstattet, weil man verlangt, daß fast hinter jeder Periode die Musik den Ausdruck dessen, was gesagt worden ist, nachahmen, oder vielmehr das dadurch erweckte Gefühl ausdrücken müsse, welches freylich den schnellern Fortschritt des Dialogs hindert. Wenn man aber öfter die Musik (nicht aber unsre betäubende, verwirrende Musik, sondern eine höchst einfache, mit viel haltenden Noten, nach den Umständen, oder auf die Art wie in Ariadne: „Nicht diese schreck-

„liche Todesangſt“ u. ſ. f. und in Medea: „ Wo
„ ſoll ich hin? Ju mein Vaterland zurück?“ u. ſ. w.)
Wenn man, ſage ich, öfter die Muſik und die
Declamation zugleich fortſchreiten lieſſe, jenes Eins
fallen der Inſtrumente nach, geendigter Periode
aber nur höchſt ſparſam brauchte; ſo glaube ich,
daß damit der lebhafteſte Dialog beſtehen könnte.
Wenn nun ferner die Declamation nach Noten,
auf Grundſätzen geſtützt wäre; Wenn man als:
dann abwechſelnd dieſe, ohne Begleitung, und
jene mit Begleitung der Muſik, ſtatt der mehren:
theils ſo langweiligen Recitative, in der Oper zu
gehöriger Zeit anzuwenden, ſelten Arien, aber
Arien in einer hohen edlen Manier, da wo der
Affect auf das Höchſte ſtiege, wie etwa die:
„Meinen Romeo zu ſehn “ ferner, bey ſchicklichen
Gelegenheiten, große majeſtätiſche Chöre, und end:
lich ſogar Tänze, aber Tänze, wie ſie die Griechen
hatten; Wenn man das alles in der großen Oper
zur rechten Zeit zu nützen wüßte — Was für
Eindruck müßte nicht eine ſolche Oper, jährlich
einmal, mit einfacher Pracht und Feyerlichkeit ge:
geben, und darinn große, deutſche Süjets behan:
delt, auf das ganze Volk machen!

Es ſey mir erlaubt, noch über einen Punct ein
paar Worte zu ſagen, nemlich über die Gebehrden:
ſprache. Vielleicht wird uns die vom Herrn Engel
angekündigte Mimik bald neue, hellere Ausſichten
in dieſer Kunſt eröfnen. In der Natur redet alles

so deutlich, ist alles so nach einem großen, ein#
fachen Plane geordnet, ist gewiß nichts umsonst
also, ist jede Form, Gestalt, Farbe und Größe,
Typus des innern Unsichtbaren, daß es auch sehr
wahrscheinlich eine sichre Harmonie zwischen Ge#
behrden und Gedanken, das heißt zwischen Aus#
druck des Körpers und Operation der Seele giebt.
In einzelnen Fällen zweifelt kein Mensch daran,
und der roheste Wilde wird eine vorgehaltene ge#
ballte Faust nie für Zeichen einer Zärtlichkeitsbezeu#
gung halten. Ist dies nun im Gröbern wahr,
warum sollte es nicht auch feinere Nüancen geben,
die nicht blos conventionel, sondern unveränderlich
wahr wären? Man versuche es, zu höchst traurigen
Scenen allerley lustige Gebehrden zu machen! und
man wird fühlen, wie schwer das ist, und wie em#
pörend.

Dies sey nun, wie es wolle; so glaube ich, daß
ein junger Schauspieler seinen Sinn für die Panto#
mime sehr üben könnte, wenn er Gliederpuppen
vor sich hinstellte, ihnen Arme, Hände, und über#
haupt den ganzen Körper in eine gewisse Lage
beugte, und sich dann fragte: „Was heißt das?
„Was diese Stellung?" Er hätte dabey Zeit, die
einzelnen Gebehrden mit mehr Muße zu studieren,
auch das Graziose und Nichtgraziose genau zu be#
merken, wo das nöthig ist, und endlich eine große
Mannigfaltigkeit von Stellungen zu sammlen.

Sprüche.

Frömmeln, fleissig in die Kirche laufen und Ge=
bethe herplappern, heißt nicht Religion haben;·
Grundsätze auskramen heißt nicht, tugendhaft
seyn; Eigensinn und Starrsinn sind nicht Festigkeit;·
Dünkel und Zuversicht auf eigene Einsichten nicht
Bewußtseyn innerer Größe; Grobheit ist nicht Auf=
richtigkeit; und brausende Flamme kein wärmen=
des Feuer; Bizarrerie ist nicht Eigenheit; Schwäche
ist nicht Güte, Furchtsamkeit nicht Sanftmuth;
Hingeben, was man nicht zu schätzen weiß, heißt
nicht freygebig seyn; Mangel an Lebensart ist nicht
Popularität, und verachten, was man nicht erlan=
gen kann, nicht Entäusserung; Menschen herunter=
setzen, die uns gedrückt haben, das ist nicht, jedem
Recht wiederfahren lassen; Privatrache üben, heißt
nicht die Parthie der guten Sache nehmen; seine
Spießgesellen, Schmeichler und Creaturen vorziehen,
heißt nicht, sich zu dem Häuflein der Edlern halten;
Schimpfen heißt nicht eifern; Schwätzen nicht phi=
losophieren, und Unsinn sagen, nicht dichten.

Der ruhmwürdigste Mann ist oft der, von dem
niemand spricht, und dessen Nahme im Leben in kei=
nem Buche und auf keiner Visitencarte gedruckt,
im Tode auf keinen Stein gegraben steht; der
größte nicht selten der, den kaum seine Nachbarn
kennen; der fleissigste zuweilen der, welcher am

mehrften Muße zu haben scheint; der weiseste wohl
der, welcher bescheiden ist, und zu rechter Zeit zu
schweigen versteht; der gelehrteste mehrentheils der,
welcher mehr Unterricht sucht als austheilen will;
und der glücklichste gewiß der, welcher, wenn
er sich am Abend Rechenschaft von seinen Handlungen giebt, nicht zu erröthen braucht vor sich selbst,
sondern mit gesundem Leibe und mit Frieden in der
Seele einschlafen kann, um heiter zu erwachen.

Wenn ein Spieler zu Dir kömmt; so verschlieffe
Deinen Kasten, und wenn Dir ein Hofmann lä-
chelt; so verschlieffe Dein Herz!

Mit Reichen und Vornehmen rede nie von Deinen häuslichen Leiden und Freuden!

Borge lieber Geld von einem Wucherer als von
einem Freunde!

Gieb lieber dem König eine Maulschelle als dem
Pfaffen ein böses Wort, oder ein gutes zu wenig!

Bey armen Schriftstellern ist jeder Federstrich
ein Krumen Brod.

Medicina est ars privilegiata, faciendi expe-
rimenta ignorantiæ, in corporibus ægrotorum.

Wenn Du wissen willst, ob jemand Dein aufrichtiger Freund sey; so thue ihm irgend einen Antrag, welcher sich anfangen muß mit der Vorrede: „Sie können mich, mein Freund! aus meiner Verlegenheit ziehen, aber ich wage es kaum" u. s. f. Gieb dann Acht auf sein Gesicht, ob es sich nach und nach von der süßen Freundlichkeit zum Ernst und zur kalten Entschuldigung herabspannt!

Hast Du Muth und Verleugnung; so gieb Deine Confeſſions bey Lebzeiten heraus!

Siehe zu, ob der Mann mitlächelt, wenn sein Freund verspottet wird!

Menschliche Gesetze sind Vorschriften, welche die Großen der Erde geben, und die dahin abzielen, ihnen die Freyheit zuzusichern mit den Kleinern machen zu dürfen, was sie wollen, ohne daß diese Gleiches mit Gleichem vergelten dürfen.

Wer bey Priestern Toleranz sucht, der darf auch von Räubern Schutz erwarten.

Vergiß nicht das alte deutsche Sprüchwort, daß ein Fisch und ein Gastfreund nur drey Tage lang im Hause gut bleiben!

Wer auf sein Zeitalter würken will, der muß den Ton seines Zeitalters kennen. Den Kindern überzuckert man die Pillen, und dem Säufer giebt man die Arzeney in Brandtewein ein.

Ein freyer offenherziger, thätiger Mann liebt ofne Thüren und Fenster.

Wenn man Sprachen lernt; so lernt man nicht blos sprechen. Die Richtung des Nationalgeistes drückt ihr Gepräge auf die Art ihre Begriffe zu ordnen, und man sammlet neue, anders geordnete Ideen, wenn man fremde Sprachen studiert.

———————

64

Ueber das deutsche Silbenmaaß.

Wenn ich es wage, der ich keinen Anspruch auf
Dichtkunst und Dichtertalent machen kann,
etwas über das deutsche Silbenmaaß zu reden; so
bitte ich, man möge die Gedanken, welche ich hin=
schreiben werde, nur als Zweifel des Unwissenden
ansehn, der gern belehrt werden mögte; und viel=
leicht giebt irgend einer meiner Säße Gelegenheit,
daß ein größerer Kenner über diese Gegenstände et=
was Besseres, Lehrreicheres und Richtigers sage.
Allein darum bitte ich, daß man mir Gründe ent=
gegen seße, und nicht Geschwäß, wenn man sich
die Mühe geben will, gegen diese Blätter etwas
zu erinnern.

Der Zweck der gebundenen Rede ist: dem Ohre
harmonischer zu klingen. Der rhythmische Gang
thut dem Ordnungsgefühle des Menschen wohl,
und man kann, eben durch Veränderung und Mo=
dification dieses Ganges, die Abwechselungen der
verschiedenen Leidenschaften merkbarer machen.
Vermuthlich ist also dieß die Veranlassung zur
metrischen Poesie gewesen.

Wenn aber Begeisterung die Menschen dahin
brachte, in gebundener Rede ihre Gedanken und
Gefühle auszudrücken; so geschahe es grade dann,
wenn die Begeisterung das Wesen des Menschen
zu einer höhern Harmonie stimmte.

So wie nun, meiner Meinung nach, Begeisterung dem metrischen Gange in der Poesie, so wie den abgemessenen Schritten in der Tanzkunst, die Entstehung gab; so glaube ich hingegen, daß die Erfindung des Reims bey kaltem Blute ist gemacht worden. Das Eine ist Wallen, Hinrollen der Wellen in wohlthuender periodischer Bewegung, stärker und schwächer, nach dem Grade der Empfindung, das Andre aber ist ein unnatürlicher Zwang, der den höchsten Flug der Gedanken hemmt, sobald das Endwort nicht grade denselben Laut, wie ein vorhergehendes hat; Und wenn mechanische Uebung und größerer Reichthum an Wörtern gleicher Bedeutung, die bessern Dichter in den Stand setzt, gereimten Versen das Ansehn des Zwangs zu benehmen; so bleibt doch immer das Reimen unnatürlicher Zwang und Spielerey — Ein bloßes Ohngefehr, ohne die geringste Analogie, macht, daß Kopf am Ende eben so klingt, wie Tropf, Topf und Kropf — Doch davon ein andermal; Kommen wir zum Silbenmaaß zurück!

Wenn man die Bestimmung längerer und kürzerer Silben auf Regeln zurückführen will; so glaube ich kann der einzige natürliche Maaßstab der seyn: „daß diejenige Silbe lang seyn müsse, welche „auszusprechen mehr Zeit oder größere Schwie„rigkeit für die Sprachorganen kostet, und umge„kehrt diejenige kurz, bey welcher dies nicht ein„tritt." Nach dieser Rücksicht hat sich nun wohl

auch die gemeine Außsprache aller Völker größten-
theils gebildet.

Bloßer Sprachgebrauch aber kann dennoch nicht
das Maaß der Silben bestimmen, weil theils falsche
Gewohnheiten und unrichtige Mundarten einreiſſen
können, theils bey manchen Wörtern im Reden die
Quantität nicht merkbar wird, z. B. im Triba-
chus (◡◡◡) der sich fast nicht anders als wie ein
Amphibrachys (◡–◡) ausſprechen läßt u. d. gl. m.
Endlich ist es bey einſilbigen Wörtern faſt gar nicht
möglich, ihre Quantität im Reden merklich zu machen. Allein darum ist doch nicht jedes einſilbige
Wort bey der Zuſammenſetzung in der Poeſie
anceps. Folglich bleibe ich bey dem Satze „daß
„die größere oder mindere Zeiterforderniß bey der
„Ausſprache, und die größere oder mindere Arbeit
„der Organen dabey, der Proſodie in allen Spra-
„chen Geſetze geben müſſe.“ Ein Wort, in welchem Diphthongen oder gehäufte Conſonanten ſind,
muß alſo länger ſeyn als ein anderes. Griechen
und Römer haben die Regeln ihrer Proſodie ganz
nach dieſen Rückſichten beſtimmt. Erſtere redeten
auch im gemeinen Leben darnach, und hatten den
feinſten Sinn dafür.

Darnach aber, ob eine Sprache reicher an
Selbſtlautern oder an Mitlautern iſt, müßte man
auch urtheilen, welche Metra ſich am beſten für
ſie ſchicken, und auch darauf iſt noch immer von

gefühlvollen Dichtern aller Nationen Rücksicht ge=
nommen worden.

Nun scheint mir es aber, als wenn auch unsre
besten deutschen Dichter mehr die Quantität der
Silben nach der Aussprache im gemeinen Leben, als
nach dem mehr oder: weniger erforderlichen Mund=
spiel bestimmten, ferner, als wenn sie manche
Silbe als anceps brauchten, die offenbar lang oder
kurz ist, und endlich, als wenn eben daher unsre
Poesie nicht so viel Würkung auf die Ausländer
machte, sondern ihnen hart, das Ohr beleidigend,
und schwer harmonisch zu lesen schiene. Wenn man
z. B. einen Italiener zwingt, das harte Wort
Kraft geschwind und kurz auszusprechen; so thut
ihm das wehe; Und doch wird man in manchen
unsrer Hexameter Lebenskraft als Dactylus ($-\cup\cup$)
gebraucht finden, da es doch zuverlässig ein Ba=
chius ($\cup--$) ist, wenngleich in der gemeinen Rede
der würkliche Jambus ($\cup-$) Leben wie ein Tro=
chæus ($-\cup$) oder wie ein Spondæus ($--$) ausge=
sprochen wird. Wo sich indessen Sprachgebrauch
und Regel vereinigen lassen, da ist es besser, und
freylich würde es einem Deutschen hart vorkommen,
Leben als Jambus gebraucht zu hören, weswegen
man denn die Silbe Le gern als anceps betrach=
ten und Leben als Spondæus und Lebenskraft
als Molossus ($---$) anwenden mag; Nie nie
aber bens und kraft als kurze Silben! Mensch=
lichkeit ist ein Molossus, und wird bey uns nicht

selten als Dactylus gebraucht. Menschwerdung
ist in eben dem Fall. Menschengeschlecht (——◡—)
wird unrichtigerweise zum Choriambus (—◡◡—)
gemacht. Ich erinnere mich selbst in einem meiner
kleinen Gedichte, die denn überhaupt gar keinen
Anspruch auf Unsterblichkeit machen, Grundsätze
als Dactylus hingeschrieben zu haben — ein uner-
hörter Fehler! Es kann nur Antibachus (——◡)
oder Molossus seyn. Ich ließ es aber mit Fleiß
stehen, um mich darauf beziehen zu können. Dergleichen grobe Fehler bemerkt unter zehn Lesern
nicht Einer.

Woher kömmt nun diese Nachlässigkeit in unsrer
Dichtkunst? Daher, daß wir nicht genug feilen an
unsern Arbeiten; weil wir es nicht der Mühe
werth halten, in einem Zeitalter, wo das gar
nicht erkannt wird, wo nur jeder täglich etwas
neues lesen will; Weil, bey der Menge von lite-
rarischen Geburten, der Dichter, wenig bekümmert,
ob sein Gedicht noch von der Nachwelt gelesen werden wird, oder nicht, noch bey seinen Lebzeiten den
Ruhm eines artigen Kopfs, voll hübscher Einfälle
und lebhafter Imagination, einernd̄ten will; Weil,
bey der herrlichen Erfindung der Buchdruckerey,
der Arbeitsamkeit der Papiermüller, und der Schreib-
seligkeit unsrer fingerfertigen Landesleute, die Menge
der mitgetheilten Geistesproducte so groß wird, daß
man das Bücherschreiben nur als eine angenehme
Unterhaltung, als Correspondenz zwischen Autor
und Publicum, und leider! zuweilen als Finanzopera-

tion anfieht. Da schreibt man unter einander al==
lerley Zeug — Es ist ja nur Gespräch über al==
lerley Gegenstände, nicht Monument des Natio==
nalschwungs.

Ehemals wurde das Meisterstück dem Gedächt==
nisse oder dem Pergament anvertrauet, und man
riß sich darum eine Copie davon zu haben; war es
aber kein Meisterstück; so gab sich niemand die
Mühe, es abzuschreiben. Heut zu Tage, wird alles
1500 mal abgedruckt, für einen halben Thaler ver==
kauft, und le balai, poëme heroi-comique ist eben
so sicher, auf die Nachwelt zu kommen, als der
Messias. Das Volk rühmt, was es belustigt,
Rezensentenlob und Tadel werden erkauft, erbet==
telt, oder hängen von guter und schlechter Ver==
dauung ab, und die bessern Kenner können nur
vergleichungsweise loben, daß das Mittelmäßige
nicht schlecht ist, seufzen aber darüber, daß man
keine Meisterstücke mehr sieht. Dagegen war auch
ein Mann voll dichterischen Feuers in alten Zeiten
froh, wenn er in seinem Leben Eine Epopäe zu
Stande gebracht hatte, und heut' zu Tage schreibt
derselbe Mann in vier Wochen eine Henriade,
freylich nur eine Henriade, aber noch nebenher
70 Bände andre Opera, als: ein Dutzend Schau==
spiele, Geschichtbücher, die zur Hälfte Romane sind,
Religionsspöttereyen, philosophische Persiflage, Pas==
quillen auf seine Feinde, und dergleichen.

Ich habe mich von meinen Bemerkungen über
Silbenmaaß entfernt. Erträglicher ist es, eine

kurze Silbe als lang zu gebrauchen, als umgekehrt;
denn es hängt doch von jedem ab, auszudehnen,
länger zu verweilen bey einem Buchstaben, nicht
aber zusammenzupressen, was von Natur lang ist.
Ich kann auf eine Meile vier Stunden zubringen,
nicht aber vier Meilen mit einem Sprunge machen.
Auch ist es oft nöthig, kurze Silben als lang zu
gebrauchen, besonders um den höchst unbequemen
Proceleusmaticus (◡◡◡◡) zu vermeiden, deren
wir aber im Deutschen wenig haben.

Wieland sagt in seiner Vorrede zum neuen
Amadis: „die Versart dieses Gedichts sey nicht so
„leicht nachzuahmen, obgleich er, ausser der Frey-
„heit den Anapäst (◡◡–) mit den Trochäen (–◡)
„und Sponbäen (– –) zu vertauschen, noch sechs-
„fünf- vier- und zuweilen auch dreyfüßige Verse
„mit einander habe abwechseln lassen.“ Ich muß
bekennen, daß ich mich nicht überzeugen kann, daß,
bey solchen Freyheiten, es so schwer seyn sollte
diese Versart nachzuahmen; für einen Stümper
ist freylich alles schwer. Ob Viele den Reichthum
von Wielands Imagination, seinen feinen philo-
sophischen Geist, und die Anmuth und Urbanität
seiner Sprache erreichen könnten, das wäre auch
wohl eine ganz andre Frage; Aber wir reden hier
nur vom Silbenmaaße, und da denke ich, wenn
ich ein Wort, das als Trochäus nicht paßt, nach
Belieben zum Sponbäus umschaffen, oder so viel
Wörter und Füße hineinflicken kann, als ich will;

so wird das Dichten nicht mehr so sehr schwer seyn — Doch lasse ich mich gern anders belehren.

Ausländer, die Klopstocks Messias lesen, und Sinn für Wohlklang und Harmonie haben, fühlen zuweilen ihr Ohr beleidigt, wenn in dem letzten Tacte des Hexameters, wo entweder $-\cup$ oder $--$ stehen können, zwischen beyden Füßen ein Comma ist. Z. B. Am angenehmsten scheint der Vers, wenn die beyden letzten Füße aus Einem Worte bestehen:

„Daß Du mich, Vater, gesandt hast! Ich habe
„das ewige Leben"
(Messias, vierter Gesang.)

Rauher, wenn der letzte Fuß ein eigenes Wort ausmacht:

„Meine Herrlichkeit, denen gegeben, die Du
„mir geschenkt hast"
(ebendaselbst.)

Aber empörend, wo das fatale Comma eintritt:

„Meiner Besiegten, durch den, als der Götter
„Obermonarch, Ich"
(zweyter Gesang.)

und:

„Soll Dich decken. Ich selber will Dich,
„o Gottes Prophet, dann"
(ebendaselbst.)

Noch einmal! das alles sind nur Zweifel, und ich suche Aufklärung, Unterricht — Aber Unterricht von Männern.

Ein Brief über geheime Verbindungen,
zur Antwort an einen Ungenannten.

Ich bin kürzlich, von unbekannter Hand, durch einen Briefschreiber ohne Nahmen, in sehr schmeichelhaften Ausdrücken, die ich denn so für bares Geld annehmen will, aufgefordert worden: „mit der mir eigenen Freymüthigkeit" in irgend einem öffentlichen Blatte zu bekennen: „ob „ich glaubte, daß, und welchen Nutzen und „Zweck, in unserm jetzigen aufgeklärten Zeital„ter, eine geheime Verbindung, und nahment„lich die Freymaurerey, zum Besten der Menschheit haben konnte?"

Ich kann in mancher Rücksicht nur sehr kurz und nicht mit der mir sonst eigenen Freymüthigkeit auf diese Frage antworten. Doch um den lieben Unbekannten weder über den Empfang seines Briefes, der vom 17ten Julius 1784 datirt war, noch über meine Bereitwilligkeit, ihm zu dienen, in Ungewißheit zu lassen; so erkläre ich so viel:

1) Daß ich glaube, geheime, in neueren Zeiten geschlossene Verbindungen, können, wie alle Societätsverträge, vielleicht manchen guten Zweck haben, und wenn die Plane wohl durchgedacht und gewissenhaft ausgeführt werden, auch (die Unvollkommenheit aller menschlichen Anstalten abgerechnet)

einzelne ganz nützliche Würkungen hervorbringen;
daß ich aber

2) sehr heilig, fest und anschaulich überzeugt
bin, daß die wahre Freymaurerey gar keine von
Menschen errichtete geheime Verbindung ist, folglich von ihrer Nützlichkeit oder Unnützlichkeit nie
die Rede seyn darf, weil sie in ihrem innern, un-
wandelbaren Wesen durchaus keiner Vernichtung
noch Abänderung unterworfen seyn kann. — Verzeyhen Sie, werthester unbekannter Herr! daß ich
Ihre Erwartungen nicht besser befriedige!

————————

Etwas über Klöster.

Wenn ich ein Rechtsgelehrter wäre, der ich, gottlob! nicht bin; so würde ich vielleicht ein Werkgen schreiben, und darinn auseinander= setzen: ob ein Fürst Befugniß haben, und sich eine solche Gewalt über das Privateigenthum anmaßen könne, daß es von ihm abhienge, alte Stiftungen, wenn er sie etwa für unnütz hielte, aus eigener Willkühr gänzlich aufzuheben, und die Besitzungen, Güter und Gelder derselben einzuziehen; ob nicht, wenn man überhaupt in Staaten das Recht aner= kennt, nach seinem Tode noch sein Eigenthum auf einen Andern übertragen, und über sein Vermögen disponiren zu dürfen, ob es dann nicht Jedem freystehn müsse, auf welche Art er dies Eigen= thum, nach seinem Absterben, wollte verwendet wissen; ob, wenn die Art dieser Verwendung etwa dem Staate schädlich seyn sollte, dieser nicht viel= mehr nur reformiren, nicht aber gänzlich aufheben dürfe; ob, wenn die Verwendung nicht eben schäd= lich, aber doch unnütz schiene, blos diese Rücksicht den Staat berechtigen könne, anders zu disponi= ren; ob der Fürst sich so gänzlich an die Stelle des Staats setzen, daß er, ohne Beystimmung An= derer, über die nützliche und nicht nützliche Ans wendung des Privateigenthums urtheilen dürfe; ob dies nicht zuletzt einmal die Folge nach sich ziehen würde, daß es dem Fürsten auch einfiele,

mir, bey meinen Lebzeiten zu befehlen, was ich
mit meinem Vermögen treiben sollte; ob ein Fürst,
wenn er Stiftungen einziehen wollte, nicht wenigs-
stens schuldig wäre, auf das Sorgsamste nachzu-
forschen, wo etwa noch Erben der Stifter vorhan-
den seyn mögten, weil es sehr wahrscheinlich ist,
daß, wenn nicht Eifer für die Religion (ächter
oder falscher — wer wird das entscheiden?) die
Stifter bewegt hätte, ihr Vermögen zu Errichtung
der Klöster zu bestimmen, sie es gewiß ihren Verwandten nicht würden entzogen haben; ob, wenn
auch alle diese Zweifel gehoben würden, der Lan-
desherr, welcher Stiftungen aufhöbe und ihre Güter einzöge, nicht schuldig wäre, öffentlich dem
Staate genaue Rechenschaft von Anwendung derselben zu geben; ob es endlich nicht hart scheinen
dürfte, daß man Menschen, die nun einmal dem
klösterlichen Leben sich gewidmet, darinn ihre
Glückseligkeit gesetzt, und sonst nichts gelernt hätten, die durch Gewohnheit daran gefesselt wären,
und deren Geist und Körper nun in keine andre Lebensart mehr paßten, also daß sie in jeder andren
Lage unglücklich seyn würden, daß man solche
Menschen mit Gewalt wieder in die Welt stieße,
oder wenigstens sie zwänge, einen Ort zu verlassen,
den sie sich, mit Aufopferung mancher andrer
Aussichten, in vollem Zutrauen, daß dieser Zu-
stand lebenslang dauern müßte, zu ihrem Aufent-
halte gewählt hätten, an dem ihre idealische Glückseligkeit, die sich nicht taxiren läßt, hienge; ob

man nicht wenigſtens Jedem freyſtellen ſollte, entweder zu bleiben, oder auszutreten, bis Alle nach
und nach ausſtürben; Wenn ich ferner ein Politiker wäre; ſo würde ich Bemerkungen machen über
die Unnüßlichkeit und Schädlichkeit der Mönche,
und wie wenig oder wie viel ihr Unterhalt dem
Ganzen koſtete, in Vergleichung mit den höchſt-
nüßlichen Domherrn, Garbeſoldaten, Advocaten,
Cammerräthen, Hofcavalieren, Tänzern, Sän-
gern, Malern, Pfeifern, Friſeurn, Kammerdie-
nern, Heibucken u. d. gl., und wie hoch etwa
dieſe dem Staate zu ſtehen kämen — Da ich aber
kein Politiker und kein Rechtsgelehrter bin; ſo
überlaſſe ich dieſe Auseinanderſetzung andern un-
partheyiſchen Gelehrten, und werfe hier nur Eine
Frage auf, nemlich: „Wäre es nicht möglich, ei-
„nige von den eingezogenen Klöſtern in ſehr nüß-
„liche Anſtalten zum Glück vieler guten Menſchen
„umzuformen?‟

Daß die Menge der Mönche, beſonders der
Bettelmönche, dem gemeinen Weſen, der Indu-
ſtrie und der Bevölkerung höchſt nachtheilig iſt,
daran mögte ich nun wohl auf keine Art zweifeln.
Muß denn aber deswegen eine Sache gänzlich aus-
gerottet werden, weil ſich Misbräuche darinn ein-
geſchlichen haben?

Die großen herrlichen Fonds, die ſchönen Ge-
bäude, Gärten und andre liegende Gründe ſind

nun einmal da. Gewiß hat man die edelste Ab#
sicht bey der itzigen Einziehung der Klöster; Allein
ich fürchte, jene Reichthümer werden in manchen
Ländern in dem großen Meere des Staatsvermö#
gens ersäuft, wenn man ihnen nicht bald eine feste
Bestimmung anweist, und dann wird man vielleicht
nach langer Zeit, zu großen nützlichen Versorgungs#
anstalten, woran es aller Orten noch sehr fehlt#
Fonds suchen, und nicht finden.

Ich könnte eine Menge solcher fehlenden Anstal#
ten hererzählen: Erziehungshäuser; gute Kranken#
häuser, Invalidenhäuser; Fonds zu Ermunterung
des Handels, der Industrie und des Ackerbaues;
Fonds zu Ausstattung armer Mädgen; Creditcas#
sen für verschuldete, unter gerichtlicher Administra#
tion seufzende unschuldige Erben verschwenderischer
Väter; Fonds zu Preisen für edle Menschen, die
sich durch vorzüglich gute Handlungen oder hervor#
stechende nützliche Talente auszeichneten; Fonds zu
großen Policeyanstalten, welche die Gesundheit und
das Eigenthum der Stadteinwohner sicherstellten —
Und wer weiß, wie viel andre gute Anstalten, mit
Hülfe der eingezogenen Klostergüter, sich machen
ließen? Aber ich will nur von einer einzigen reden,
die gewissermaßen Analogie mit dem speculativen
Klosterleben hat, folglich auch der Absicht der Stif#
ter entspricht, ich meyne: „Die Errichtung von
„Zufluchtsörtern, von Ruheplätzen für forschende
„Gelehrte, die sich dem Tumulte der großen Welt
„entziehen wollten."

Wenn ein junger Mensch, der noch gar nichts für die Welt gethan, noch gar nicht dem gemeinen Wesen gedient hat, sich in den Mauren eines Klosters vergräbt, und seine besten Jahre mit Herplappern unzweckmäßiger Gebethe, mit Wohlleben und mit Lesen erbärmlicher Legenden verschleudert — Wer wird das gutfinden können? Lasset uns aber andre Menschen vor Augen nehmen, die sich nach einer nützlichen Einsamkeit sehnen, und lasset uns Diesen die Thore der geräumten Klöster öfnen!

Dort sitzt ein gelehrter, würdiger Mann, der den größten Theil seines Lebens im Dienste des gemeinen Wesens hingebracht hat. Er hat in einer Wissenschaft tiefe Kenntnisse, könnte, wenn er Muße hätte, darinn noch große Entdeckungen machen, oder er ist sonst auf die Spur wichtiger Wahrheiten gekommen, welche er der Welt mittheilen mögte; Mangel an Reichthum aber zwingt ihn, bis an sein letztes Ende, im Joche des Dienstes zu bleiben, und seine Kenntnisse mit sich in das Grab zu nehmen.

Ein Anderer mögte gern ein großes Werk ausarbeiten; Es fehlt ihm aber an Hülfsmitteln, an Quellen, an Umgang mit Gelehrten, und er hat nicht Vermögen genug, dahin zu reisen, sich dort aufzuhalten, wo er das alles finden könnte.

Ein Dritter hat eine nützliche mechanische Erfindung gemacht, allein, wo soll er das Geld hernehmen, seine Maschine zu bauen? Er glaubt im Landbaue einen großen Vortheil beym Pflügen,

beym Pflanzen oder beym Düngen ausgegrübelt zu
haben; Wer giebt Land dazu her, daß er seinen
Versuch bewahrheite?

Diesen und viel andern Männern in ähnlichen
Fällen würde es doch wohl zu gönnen seyn, daß
man ihnen einen Ort anwiese, wo sie den Rest
ihres Lebens in nützlicher Ruhe, ohne Nahrungs-
sorgen, in dem Umgange mit andern Gelehrten,
und in Nachforschung über ihre Lieblingsgegen-
stände hinbringen könnten — Das wären dann
Academien, von deren Verwendung zum Besten der
Menschheit sich etwas erwarten liesse.

In einem Kloster lebten auf diese Art ohngefehr
zwölf Männer, und jeder in seinem Fache groß.
Sie wären in Classen getheilt, nach der Gattung
ihrer wissentschaftlichen Kenntnisse. Sie trügen
einerley einfache Kleidung, genössen einerley einfache Kost — Kurz! sie lebten in einer Art von
klösterlicher Zucht, nach einer gewissen Regel. Wer
einen Platz (vorausgesetzt, daß einer erledigt
wäre) suchte, der meldete sich bey der Classe, zu
welcher er gern gehören wollte. Er würde geprüft,
gewählt, nach den Umständen auf bestimmte oder
unbestimmte Zeit angenommen, ihm aber freyge-
lassen, wieder herauszugehn, wenn er wollte.
Die hier zusammen lebenden Gelehrten hielten oft
Zusammenkünfte in ihren Facultäten, und zuweilen allgemeine Zusammenkünfte, berathschlagten,
versuchten, hielten Vorlesungen, theilten ihre Bemerkungen den Klöstern ihrer Provinz, ihres Lan-

des mit, machten ihre nützlichen Entdeckungen
durch den Druck bekannt, hielten Vorlesungen für
junge Leute, und zu gewissen Zeiten Gespräche mit
Leuten, die sich bey ihnen Raths erholen wollten.

Dahin nähme dann Mancher, noch in der
großen Welt Lebende, seine Zuflucht, fragte den
erfahrnen Greis um Rath, beichtete ihm, und
gienge mit absolvirtem Herzen, und wohlthätigen
Winken zu seinem Glücke fort.

Dahin schickte der bescheidene Autor seine Schriften, und erbäthe sich Belehrung und Prüfung.
Das Urtheil würde unpartheyisch seyn, denn keine
bürgerliche Rücksichten noch Verhältnisse hätten
Einfluß darauf, kein Autorneid, denn die Männer suchten nur Wahrheit; Was sie selbst schrieben, wäre nicht die Geburt eines Einzigen, sondern das Eigenthum des Ordens und der
Menschheit.

Sollte es nicht Männer in der Welt geben,
mit denen ein solcher Plan auszuführen wäre;
Sollte man befürchten müsseu, es mögte sich nach
und nach bey der Wahl der Subjecte Partheylichkeit, Gunst, Gabe, Cabale einschleichen — Nun!
dann könnte ich nichts weiter rathen, als daß man
keine Art von Unternehmung mehr mit Menschen
anfienge, sondern alles so gehn liesse, wie es geht,
aus Furcht, das Gute mögte ausarten.

Auszug aus einem kurzen Briefwechsel, zwischen einem Hofmanne und mir.

I. Auszug aus seinem Briefe.

Es thut mir leid, mon chèr Ami, daß man hier auf Ihr Sujet nicht allerdings gut zu sprechen ist, daß man von Ihnen nicht so vortheilhaft redet, Ihnen nicht so viel Gerechtigkeit wiederfahren läßt, als Sie in allem Betracht verdienen. Verzeyhen Sie mir aber, mon Ami! Sie sind selbst ein bisgen Schuld daran. Sie schreiben etwas zu frey. Man legt manche Stelle in Ihren Schriften nachtheilig aus, und glaubt, es seyen Pasquillen auf Fürsten darinn. Es würde mich sehr chagriniren, wenn Sie deswegen Verdruß haben sollten. Sie wissen, mit großen Herrn ist nicht zu scherzen, Fürsten haben lange Arme, und man bessert sie ja doch nicht, wenn man ihnen die Wahrheit sagt u. s. f.

II. Auszug aus meiner Antwort.

Ich versichre Sie, mein Herr! auf meine Ehre, daß mir weit mehr daran gelegen ist, was mein ehrlicher Nachbar, der Schneider, von mir sagt, als was an Ihrem Hofe von mir gesprochen wird — Ihre Person ausgenommen, versteht sich — .

Wenn jemand dort meine Schriften mißfallen;
so rathe ich demselben, sie ungelesen zu lassen, oder
seinem Informator aufzutragen, daß er sie in der
*** gelehrten Zeitung table. Dann wird sie, so
weit die langen Arme Ihres großen Herrn rei=
chen, das heißt auf *** Meilen im Umkreise, nie=
mand kaufen.

Bewahre mich Gott, daß ich Ihr Fürstlein
beßern wollte! — Das wäre wohl undankbare
und verlohrne Mühe! Ich schreibe Wahrheit, aus
keiner andern Absicht, als aus Liebe zur Wahrheit.
Wer sie nicht vertragen kann, dem mag sie im=
merhin mißfallen. Nur fürchte ich, Sie, mein
Herr! haben noch nie in Ihrem Leben den Versuch
gemacht, ob Wahrheit sagen beßert.

Pasquillen schreibe ich nie, und auf manche
Fürsten dergleichen zu schreiben, diese Mühe er=
sparen sie uns selbst zuweilen. Das ärgste Pas=
quill auf Fürsten hat die Mutter Ihres gnä=
digsten Herrn vor *** Jahren herausgegeben.
Wer daran gearbeitet hat, weiß ich nicht — Ich
habe keinen Antheil daran. Was Sie ein Pas=
quill nennen, das war vielleicht nur eine kleine
Rezension, die mir entfahren seyn mag über jenes
lebendige Pasquill.

Chagriniren Sie Sich meinetwegen gar nicht
mein ehrlicher Mann! Es wäre Schade um Ihr

gefühlvolles Hofherzgen. Ich will mir schon so ganz still durch die Welt helfen, habe auch gottlob! über nichts zu klagen. Bis jetzt ist es noch immer gut gegangen; ich hoffe also, es soll ferner so bleiben. Dies um so mehr, da meine Glückseligkeit nicht, wie die Existenz mancher andern Menschen, an kleinen dünnen Fäden, an dem Blicke eines höchst mittelmäßigen Mannes, oder an der Gunst eines Kammerdieners hängt, sondern auf treue Erfüllung häuslicher Pflichten und auf Liebe und Achtung der Bessern beruht, unabhängig vom Urtheil des großen Haufens.

Meine ohnmaßgebliche Meinung über verschiedene Schriften.

Nichts ist der Wahrheit nachtheiliger, als wenn sie in dem Munde eines heftigen Mannes den Anstrich bekömmt, als wenn Leidenschaft sie eingegeben hätte. Deswegen mißfällt mir gar sehr der Ton unsrer heutigen Rezensionen, und überhaupt das Rezensiren, wenn der Mann, der das Urtheil fällt, nicht seinen Nahmen darunter setzt. Warum sollte, wenn der Rezensent keinen beleidigenden Spott einmischt, und den Character, die Person des Schriftstellers ohnangetastet läßt; warum sollte dieser sich da nicht gefallen lassen, ein bescheidenes Urtheil über sein Buch zu hören? Man kann ein vortreflicher Mann seyn, und doch ein schlechtes Kunstwerk liefern; ja! man kann sehr hell über eine Sache denken, und doch nicht die Gabe haben, seine Gedanken auszudrücken, oder durch Vorliebe zu seinen eigenen Wendungen etwas hinschreiben, das auf Andre nicht dieselbe Würkung macht.

Meiner Meinung nach sollte man von den ganz elenden Schriften, deren heut zu Tage eine solche Menge herauskömmt, gar nichts sagen, sondern nur wichtige Werke anzeigen und beurtheilen. Wer so wenig Kenntnisse hat, und dabey so wenig Bescheidenheit besitzt, daß er etwas drucken läßt, das kein vernünftiger Mensch ohne Ekel lesen kann, der wird auch durch eine beissende und überhaupt durch eine Rezension weder überzeugt noch gebessert werden. Er wird den ungenannten Rezensenten für einen seiner kleinen Feinde, oder für einen Menschen halten, der das Ding nicht versteht, und wenn er dann das Glück hat, noch einmal einen Verleger zu finden; so wird er dreist weg wieder schreiben und herausgeben, sobald etwas fertig ist. Zur Warnung für das Publicum können aber solche Rezensionen auch nicht helfen. Wer seine Bücher blindlings nach der Phisiognomie der Titel wegkauft, der verdient, mit unter Maculatur zu bekommen; und da nicht alle Menschen einerley Geschmack haben, und man heut zu Tage auch weiß, daß es mit den Rezensionen nicht immer ganz unpartheyisch hergeht; so bestimmt ohnehin fast niemand mehr die Wahl seiner Bücher nach dem Urtheile der Journalisten.

Bey der Menge von deutschen Journalen wäre noch immer zu wünschen, es mögte einmal eines erscheinen, welches gemeinnützig, und von Männern geschrieben wäre, die sich nicht scheueten, ihre Nahmen davorzusetzen, deren Nahmen aber auch von Seiten des Kopfs, des Herzens und der Kenntnisse in dem besten Rufe stünden, und die keine Beyträge von ungenannten oder von ihnen verschwiegenen Verfassern einrückten.

Dieser Wunsch führt mich zu einigen Anmerkungen über Göckingks Journal für Teutschland. Die Herausgabe dieses Journals ist gewiß ein uneigennütziges edles Unternehmen, und des Herrn Herausgebers bekannter Character giebt seiner Anstalt von allen Seiten eine glückliche Vorbedeutung; Allein, wird man es deswegen übel aufnehmen, wenn ich offenherzig sage, was ich gegen diese Einrichtung, oder vielmehr gegen einige der Artikel zu erinnern habe? Ohnmöglich! Wer Freyheit im Denken von einer Seite durch eine eigene Anstalt befördern will, der wird sie auch gewiß von einer andern Seite nicht unterdrücken wollen. Also zum Zweck!

Ich glaube, aus Gründen, die Herr Göckingk selbst zu Anfang einer Ankündigung angeführt hat, daß ein so allgemeines Journal in unserm Vaterlande, wo so viel verschiedene Interesse herrschen, wo sich nicht alles in Einem Mittelpuncte concentrirt, sich nicht wohl lange erhalten könnte, noch auch den gehofften Zweck erreichen würde; doch sind einige unter den versprochenen Artikeln von der Art, daß sie, wenn sie gut und vollständig ausgearbeitet werden, sehr großen Nutzen stiften können.

Zu diesen nützlichen Artikeln rechne ich: das Verzeichniß aller Getreidepreise; das monatliche meteorologische Tagebuch; das Verzeichniß aller aufgeführten dramatischen Stücke; die Preisaufgaben; die Ankündigungen, die Edicte und Waarenverbote, und gut gewählte Auszüge aus Journalen — Das sind Dinge, die ganz Deutschland interessiren, woraus man sieht, wie Luxus, Geschmack, Gelehrsamkeit, Policey, Regierungskunst u. s. f. in den einzelnen Provinzen unsers Vaterlandes zu und abnehmen.

Von allen übrigen Artikeln aber (wenn es auch möglich wäre, sie vollständig und gänzlich wahr zu liefern) wäre ich dennoch geneigt, nicht so vortheilhaft zu urtheilen, sondern vielmehr zu glauben, daß kaum in jedem dicken Hefte, für jeden einzelnen Leser, monatlich ein halber Bogen voll interessanter Materie sich finden wird, da hingegen leicht ein ganzer Bogen darinn seyn könnte, der irgend jemand tödtlich kränkte — Ich will mich näher erklären:

In England, wo das ganze Volk Antheil an der Regierung, folglich jedes Glied jeder Familie personelle Wichtigkeit hat, da kann der ganzen Nation daran gelegen seyn, es zu wissen, wenn ein Stück aus der Kette gerissen wird; Was für Antheil aber kann ein Mann in Hamburg daran nehmen, wenn er erfährt, daß des Herrn Hauptmanns von N. N. jüngstes Söhnlein in München gestorben ist, oder daß in Salzburg ein Herr Secretair M' sich mit Jungfer Y verheyrathet hat?

Concurſe und Debitcommiſſionen treffen leider
durch Unglück auch zuweilen den Unſchuldigen, den
es dann ſehr kränken muß, wenn er ſeinen Nahmen
oder den Nahmen ſeines Freundes an den Pranger
geſtellt ſieht. Wer aber dergleichen muthwillig
veranlaßt, und ſich durch die Furcht vor Schande
und Verachtung in ſeiner Vaterſtadt, ſo wenig als
durch die Furcht vor dem Fluch derer, die er be-
trügt, hat zurückhalten laſſen; der wird ſich auch
wenig darum bekümmern, ob er in einem Journale
beſchimpft wird oder nicht. Dazu kömmt, daß die
Gläubiger immer früh genug den Bankerutt ihres
Schuldners erfahren, für Andre aber dieſe Nachricht ſehr unwichtig ſcheint.

Nichts iſt jetzt leichter, als auch zu den elen-
deſten litterariſchen Producten einen Verleger zu
finden. Wer alſo die Gelegenheit, Handſchriften
an Buchhändler zu verkaufen, noch vervielfaltigt,
ich denke der verſündigt ſich an das Publicum.

Brunnenliſten kommen mir faſt als das Aller-
unnützeſte vor, was man leſen kann.

Was mir aber am wenigſten einleuchten will,
iſt die hiſtoriſche Chronik; Hier ſind meine Gründe:

1) Wen ſein Gewiſſen nicht von Schandthaten
zurückhält, der wird auch ſelten ſich vor öffentli-
chem Schimpfe fürchten. Beweiſe davon geben

manche Provinzen von Deutschland, über deren
schlechte Regierungen man seit einigen Jahren so
laut geschrien hat, daß die herrschenden Schelme
nun gar nicht mehr Acht darauf geben, sondern
es täglich ärger machen. Dies tritt gewöhnlich
bey mächtigern, von Schmeichlern umgebenen Bö-
sewichten ein, und die wären es doch grade, denen man dergleichen Art von Schande zubereiten
mögte, weil sie die Gewalt haben, sich jeder andern Art von Züchtigung zu entziehen. Der arme
Schelm leidet immer durch die Folgen seiner Handlungen; die Vorsehung sorgt dafür.

2) Es giebt für den schlauen Schurken unzählige Mittel, wenn sein Bubenstück zur Sprache
kömmt, dem Dinge eben so öffentlich eine andre
Wendung zu geben.

3) Ist er recht listig; so wird er sich gar nicht
einmal die Mühe geben, die Sache ins Klare zu
bringen, sondern nur ganz kurz bekannt machen:
„Er habe eine Annecdote von sich gelesen; Da Herr
„G. nur der Sammler, nicht aber der Verfasser
„solcher Nachrichten sey; so könne er sich an den-
„selben nicht halten, sondern werde diese anonyme
„Verläumdung wie billig verachten, bis der Ur-
„heber öffentlich aufträte.“ Und wie wenig Menschen giebt es dann, die das Herz haben würden,
und ihrer Lage nach haben dürften, zu sagen:
„Ich bin der, welcher die Nachricht eingeschickt

„hat?" Und hat der Einsender die Befugniß und
den Muth; warum belangt er jenen nicht öffentlich vor Gericht? Gäbe ihm die Justiz nicht Recht-
en nun? dann wäre es ja noch immer Zeit an das
Publicum zu appelliren, oder sich mit dem Bewußtseyn zu beruhigen, das Seinige zu Entlarvung
des Betrugs gethan zu haben.

4) Ich glaube, daß sogar der redliche, selbst-
ständige Mann, wenn er unschuldigerweise auf diese
Art verläumdet würde, sich nicht die Mühe geben
sollte, seine Rechtfertigung eher vor das Forum
des Publicums zu bringen, als bis der Ankläger
hinter dem Herrn Herausgeber hervorgekrochen
wäre.

5) Man sage nicht, daß hier niemand unschul-
dig könne angeklagt werden! Mein Gott! wenn
man vor privilegirten Richterstühlen oft eine Sache
in zehn Jahren nicht ins Reine bringen kann; wie
wird Herr Göckingk für die Aechtheit der Beläge,
für die Unverstelltheit der Thatsachen, für die Un-
partheylichkeit seiner Correspondenten haften können, die er wahrlich nicht Alle genau kennt; (wie
ich sichre Ursache habe es zu vermuthen) Und welche
Weitläuftigkeit für ihn, welche undankbare Arbeit
für diesen edlen wahrheitliebenden Mann, wenn
er, jeder Lumperey wegen, deren es in dieser Welt
immer geben wird, sich in verwickelte Untersuchun-
gen in fremden Ländern einlassen müßte!

6) Der Herr Herausgeber will keine Annecdote ohne Beläge annehmen? Aber sollte es ihm denn unbekannt seyn, daß diejenigen schändlichen Handlungen grade die ärgsten sind, und am mehrsten bekannt zu werden verdienen, welche sich nicht durch Actenstücke beweisen lassen? z. B. Bestechungen der Großen, worüber man selten Quittung empfängt, Untreue, Ränke, Verläumdungen an Höfen? u. d. gl.

7) Und giebt es nicht Handlungen, die offenbar den Schein gegen sich haben, und dennoch nicht böse sind, die sich aber, gewisser Rücksichten wegen, durchaus nicht aufklären lassen; wo nur ein reines Gewissen und Unschuld des Herzens Richter seyn können? Wie, wenn nun in solchen Fällen ein edler Mann angetastet wird, und sich nicht vertheydigen kann, vielleicht aus Größe der Seele, um Andrer zu schonen, um gefährlichere Folgen zu vermeiden, sich nicht vertheydigen darf?

8) Wenn also, gegen hundert wahrhafte Anzeigen von würklichen Bosheiten, eine einzige Verunglimpfung eines einzigen Unschuldigen mit unterläuft; Ist das je — je — je wieder gut zu machen? Ist es nicht besser dafür lieber der Zeit, der Vorsehung und dem Gewissen des Verbrechers zu überlassen, die Schandthat zu entdecken und zu bestrafen?

9) Man nimt dem Manne alle noch übrige Schaam, wenn man ihn nahmentlich beschimpft; Auch ist es eine Frage, ob hierzu jemand anders als die Obrigkeit, als der Repräsentant des Publicums, das Recht hat? Ehemals war ich nicht immer dieser Meinung; Längere Erfahrung mancher Art lehrt mich itzt also urtheilen. Doch bekenne ich, daß ich von je her einen Widerwillen gegen anonyme Ankläger genannter Leute gehabt, und das Annecdötgeneinschicken nie recht gern habe leiden mögen. Es giebt eine andre Art solche Bilder hinzustellen, ohne die Menschen zu nennen, und ich glaube, daß die von allen Völkern als eine kräftige Arzeney anerkannte Satire, bessere Würkung thut, als eine auch unsern Nachbarn zum Spectakel dienende Chronique scandaleuse. Ist die Satire treffend; so sagt doch jeder wohlverdienterweise: „Siehe! da ist das Original zu dem „Bilde!" und der Dargestellte wird vielleicht vorsichtiger, kann noch auf halbem Wege umkehren, geht in sich, oder denkt: das Ding mögte ärger kommen. Ist aber die Satire nicht treffend; so bleibt doch der Unschuldige ungekränkt. Dazu kömmt, daß bey der Satire ein Schlag auf einmal mehr Verbrecher treffen kann, da es in jedem Lande ähnliche Originale giebt.

10) Ist es eine herrliche Sache, um die Toleranz. Wie mancher Leser, der sich schadenfroh ergötzt an der öffentlichen Beschimpfung eines Böse-

wichts, würde, unter eben den Umständen, in derselben Lage, bey derselben Erziehung, Gemüths, art u. f. f. nicht besser gehandelt haben!

11) Dagegen aber hätte ich nichts, daß man die guten Handlungen bekannt machte. Das reizt zur Nacheiferung, und wenn auch ein unverdientes Lob mit unterliefe! — Besser Tausende gelobt, die es nicht verdienten, als ein einzigmal einen Unschuldigen geläftert!

Dies waren gleich meine Gedanken bey Er, blickung der Ankündigung des Journals für Deutschland, und ich habe, nach Lesung der er, sten fünf Hefte, nicht Ursache gefunden, meine Meinung zurückzunehmen. Besonders dünkt mich, daß die mehrsten eingerückten kleinern Aufsätze sehr mittelmäßig sind.

Soll ich nochmals um Verzeyhung bitten, daß ich so offenherzig geredet habe? Ich glaube: Nein!

Was ich so eben über das Anneedotensammlen gesagt habe, erinnert mich an zwey vor nicht gar langer Zeit erschienene Bücher, nemlich: an die Briefe eines durch Deutschland reisenden Fran, zosen und an Faustin, oder das philosophische Jahrhundert. Ersteres ist in der That reich an feinen, wichtigen Bemerkungen, von einem kennt, nißvollen Beobachter an Ort und Stelle, unpar,

theyisch, mit Muße, und nicht bloß beym Durch⸗
reisen hingeschrieben. Dagegen aber fehlt es auch
nicht darinn an zusammengestoppelten, vielleicht
von Malcontenten eingeschickten, schiefen, und zu⸗
weilen an grundfalschen Nachrichten über einige
Städte und Provinzen, wo der Herausgeber ent⸗
weder nie gewesen ist, oder sich zu kurze Zeit auf⸗
gehalten hat. Das thut nun in der That der
Wahrheit Schaden, und die, welche böses Ge⸗
wissen haben, und nach Verdienst hier zur Schau
hingestellt worden sind, glauben großes Recht zu
haben, wenn sie irgend einen falschen Umstand aus
einem solchen Buche anführen können, wenngleich
von einer andern Seite der große Schwarm der
modernen Reformatorn, eben so unbillig, jedes⸗
mal in die Hände klopft, wenn nur auf etwas ge⸗
schimpft wird. Doch mögte ich im Ganzen noch
eher solche Schriften leiden, in welchen die schlech⸗
ten Regierungen ganzer Länder (denn das kann ja
ohnehin kein Geheimniß bleiben) geschildert, als
solche, in denen kleine geheime Annecdoten von
einzelnen Personen, hinter dem Vorhange hervor,
ausgeschrien werden.

Faustin hingegen halte ich für eine sehr unbe⸗
deutende, unnütze Nachahmung des Candide. Un⸗
ser Jahrhundert, in welchem wir wenigstens täg⸗
lich aufgeklärter werden über die Gebrechen der
Menschheit, mag man immer ein philosophisches
Jahrhundert nennen, wenngleich nicht in allen

Ecken von Europa auf einmal alle Misbräuche abs
geschafft werden; so wie diese Welt gewiß die mögs
lichst beste Welt ist (weil der Weise darinn reiche
Freuden, seligen Genuß einerndten kann, weil
selbst ihre unvermeidlichen, anscheinenden Unvolls
kommenheiten, in ihren spätern Folgen, zur Volls
kommenheit führen) wenngleich sie immer nur eine
Welt für Menschen bleibt — Es ist Zeitverlust
solche allgemeine, das Ganze erhöhende Schattis
rungen, auf Rechnung der weisen Vorsehung, zu
persifliren!

Etwas über catholische Universitäten.

Auszug eines Briefes.

Auf deutsche protestantische Universitäten zieht jeder Jüngling oder Knabe so gut vorbereitet hin, als er, seine Eltern, Vormünder, Hofmeister, oder andre Lehrer, es glauben verantworten zu können, und man dirigirt nachher seine Studien nach bestem Wissen und Gewissen; Auf catholischen Universitäten ist es mehrentheils anders. Wer da von unten auf seine Claffen durchläuft, der muß den ganzen Cursum durchmachen, wird Er genannt vom Lehrer, hernach Musjö, dann Herr, wird Licentiatus, Baccalaureus, Magister und Doctor hintereinander fort, und rückt so von Kenntniß zu Kenntniß, von Wissenschaft zu Wissenschaft hinauf. Wäre diese Stufenreyhe vollkommen zweckmäßig gewählt, und geordnet, wie es seyn sollte; so wäre das wohl eine herrliche Einrichtung. Allein das ist nun bekanntlich in den mehrsten untern Schulen der Fall nicht, und mit der scholastischen Philosophie und manchem andern elenden Wortkrame geht unendlich viel Zeit verlohren. Ein oder zweymal des Jahrs werden eine Menge Promotionen vorgenommen, das heißt: eine große Anzahl junger Leute rückt aus der vierten in die fünfte, aus dieser in die sechste Claffe und so ferner hinauf. Da kann man dann auf Einem Brette dreyssig

Jünglinge zu Doctorn der Weltweißheit krönen
sehn. Die Geschicktesten darunter aber defendiren
im Nahmen der Uebrigen.

Die Materien, worüber disputirt wird, sind
zuweilen so gewählt, daß es dem sehr auffallen
muß, der lange in protestantischen Provinzen ge-
lebt hat.

Gestern, zum Beyspiel, wohnte ich einer solchen Defension bey. Ein geschickter wackrer junger Cavalier disputirte pro suprema Philosophiæ
laurea — und über welche Materie, meynen Sie
wohl, mein Freund? — über die elementa artis
diplomaticæ! Wer keine andre als acatholische Universitäten gesehen hätte, dem würde dies eben so
sonderbar vorkommen, als wenn man in Göttin-
gen, um Doctor Juris zu werden, de arte obste-
tricia disputirte. Allein die Sache ist so passend
als möglich. In der siebenten Schule (Classe)
nemlich, aus welcher dieser junge Mann nun aus-
trat, und welche von der Physik den Nahmen hat,
wird auch die Diplomatik gelehrt, und deswegen
gehörte diese Wissenschaft in die Reyhe derjenigen
Kenntnisse, über welche er geprüft werden sollte,
und in welchen er Proben seiner Geschicklichkeit
ablegte.

Noch muß ich erinnern, daß in protestantischen
Gymnasien die oberste Classe prima heißt, in catho-

Verm. Schr. II. Th.   G

lifchen aber umgekehrt. In Hildesheim also lernt man vielleicht in der fiebenten Claffe buchſtabiren, und in Ingolſtadt in der fiebenten Schule practiſche Weltweisheit.

Dieſe Anmerkung ſcheint ſehr unbedeutend, iſt es aber nicht, in Betracht der ſchiefen Urtheile, die man zuweilen hört und lieſet, beſonders von Reiſenden, die, mit fremden Einrichtungen unbekannt, alles nach dem Schlendrian ihrer Vaterſtadt abmeſſen wollen.

Zwey Aufgaben.

Ich wünschte von einem größern Philosophen als ich bin, über folgende zwey Puncte gründliche Abhandlungen zu lesen:

I. Ueber den Enthusiasmus für das Böse und für das Gute.

II. Ueber die Grenzen der Dankbarkeit.

Hier sind einige Fragen und Erinnerungen, die dabey in Betracht kommen könnten:

Warum ist es leichter, die Menschen mit Schwärmerey zur Bosheit und Thorheit, als mit Enthusiasmus für Weisheit und Tugend zu erfüllen?

Daß uns die Geschichten aller Zeiten die Wahrheit dieses traurigen Satzes bestättigt, wird niemand leugnen wollen.

Die Lehre von der Erbsünde, und daß also der Mensch von Natur zum Bösen geneigt sey, kann hier wohl nicht in Betracht kommen, denn wenn auch diese Lehre wörtlich also zu verstehen

wäre; so ist doch hier nicht vom Hange zum Bösen, sondern vom Enthusiasmus dafür die Rede,
und nicht nur von Enthusiasmus für das Böse
allein, sondern auch von Schwärmerey für die
Thorheit. Warum haben die Menschen lieber die
lächerlichsten Narrheiten geglaubt, und dafür ihr
Leben gewagt und aufgeopfert, als für die einfache Wahrheit?

Man sage nicht, daß Mangel an Aufklärung
daran Schuld ist, und daß man ernstlich daran
arbeiten müsse, das ganze Menschengeschlecht über
sein wahres Interesse aufzuklären! Wenn das
möglich wäre; so wäre es längst geschehen, und
es bedarf dazu keiner künstlichen Anstalten. Einfache Wahrheit und Pflicht kennt gewiß jeder,
wenn er kaltblütig darüber nachdenkt.

Tausende seufzen über einen Tirannen und
fechten doch mit Enthusiasmus für ihn, wagen
ihr Leben in seinen ungerechten Kriegen, glauben gern, daß er ein Recht habe, sie zur Schlacht-
bank zu führen; aber unter den Tausenden tritt
nur sehr selten ein einziger Brutus auf, der
auch nur sein Leben wagt, sein Vaterland von
dem ungerechten Joche zu befreyen.

Tausend zeichnen sich durch Thorheiten aus,
und überwinden herzhaft den Neid und die Ver-

folgung andrer Narren; aber selten hat Einer
den Muth, sich durch Simplicität und Selbstständigkeit auszuzeichnen, wenn er auch die herrlichsten Dinge darüber zu sagen weiß.

Wie lassen sich die Grenzen der Dankbarkeit
gegen schlechte Menschen bestimmen? Oder:
Wie soll man sich betragen, wenn man
jemand, den man nachher als einen schlechten Mann kennen lernt, von ältern Zeiten
her, viel Verbindlichkeit schuldig ist, und
nun Eifer für die gute Sache mit dem Gefühle der Erkenntlichkeit in Streit kömmt?

Darf hier der Bewegungsgrund, daß jeder
Wohlthäter schon durch die innere Ueberzeugung, etwas Gutes gethan zu haben,
hinlänglich belohnt ist, von mir in Rechnung gebracht werden? Darf ich Rücksicht
darauf nehmen, daß ich entweder seiner
Wohlthaten, seiner Hülfe werth war, als
er mir diente, und er alsdann nichts mehr
gethan hat, als was Pflicht jedem Redlichen gebiethet, oder daß, wenn ich dieselbe nicht verdiente, er gegen die Tugend
der Gerechtigkeit gesündigt hat?

Wenn höhere Pflichten, z. B. das Richteramt
oder dergl. ins Spiel kommen, ja! dann kann kein

I.

In einer Provinz von Deutschland, wo es in manchen Fällen streitig war, ob man nach Wetzlar oder an das höchste Landesgericht appelliren müßte, verlohr ein Mann einen beträchtlichen Proceß, der ihn um seine Güter gebracht haben würde, in welche seine Gläubiger immittirt wurden. In dieser Verlegenheit gab er eine Schrift ein, in welcher er sagte: „da es hier „streitig sey, an welches Gericht man sich zuletzt „wenden dürfe; so wolle er hiemit an ein Gericht „appelliren, welches nach dem westphälischen „Frieden von Allen als das oberste anerkennt „würde, nemlich an das jüngste Gericht; Er „bäthe daher, um leibliche Determination der „Succumbenzgelder, und um Einhalt mit der „Execution, bis zu entschiedener Sache." Der letzte Punct, wegen Aufschiebung der Execution, wurde ihm nun freylich, wie man denken kann, nicht gestattet. Da die Sache aber nun seit funfzig Jahren bey den Reichsgerichten hängt; so ist es wahrscheinlich, daß er den ersten Theil seiner Bitte, nemlich: am jüngsten Tage erst sein Definitivurtheil zu erlangen, erfüllt sehen wird.

2.

In Frankfurt am Main in einem Gaſthofe
ſaß in der Meßzeit ein Mann neben mir, der
mich durch ſeine ſonderbare Zerſtreuung ſehr be-
luſtigte. Unter andern Zügen dieſer Art, welche
ihm, während der Mahlzeit an der Wirthstafel
entwiſchten, erinnere ich mich folgendes: Es gieng
bey dem Nachtiſche ein Teller mit Bisquit herum.
Ich reichte ihm denſelben; Er nahm ein Bisquit,
und gab den Teller ſeinem Nachbar zur Linken.
Gleich nachher kam auch durch mich ein andrer
Teller an ihn, auf welchem einige Geldſtücke la-
gen, die man für Muſikanten, welche während
der Tafel ſpielten, geſammlet hatte. Mein zer-
ſtreueter Nachbar, ſtatt etwas dazu zu legen,
nahm eines von den Geldſtücken hin, legte es neben ſein Bisquit, und reichte den Teller ernſthaft
weiter. Ein Lächeln, das er an mir bemerkte,
erinnerte ihn an ſein Verſehn, und um dies gut-
zumachen, nahm er den Muſikantenteller wieder
zu ſich, griff geſchwind vor ſich hin, und — legte
das Bisquit darauf.

3.

Als ein Beyſpiel des feinen Geſchmacks der
Holländer mag folgende Stelle aus einem ihrer
heroiſchen Trauerſpiele dienen, für deren Aecht-

hett ich jedoch nicht einstehe. Es ist ein Dialog zwischen einem Prinzen und einer Prinzeßinn, welcher sich also anfängt:

Prinz. Princefs; hoe kan't Gy myn vergoeten?
   Heb ik dog well duyfendmaal in Uwen
      Arm leggen zweeten!
Prinzeßinn. Prins ik moet het geftaan
    U Reuk was doent myn angenaam;
    Mar nu reuk Gy niet naar Mufcai,
    Als Gy naar het Secret toe gaat.

4.

Ein würdiger alter proteſtantiſcher Prediger in der Pfalz, der, durch apoplectiſche Zufälle gelähmt, auſſer Stande war, ſeinen Amtsverrichtungen vorzuſtehn, hatte ſeinen Sohn, einen liebenswürdigen rechtſchaffenen Jüngling, zur Hülfe in ſeinem Dienſte, bey ſich. An einem Sonntage predigte der junge Mann über den Text: „Denen, „die Gott lieben, müſſen alle Dinge zum Beſten „dienen.‟ Nach der Kirche wollte ſein lahmer Vater mit ihm auf die Nachbarſchaft zu Verwandten fahren. Man nahm ein kleines einſpänniges Fuhrwerk; der Sohn leitete das Pferd; der Alte ſaß neben ihm. Als ſie am ſchroffen Ufer eines Fluſſes herkamen, wurde der Gaul durch irgend etwas ſcheu und flüchtig. Alle Mühe und Anſtrengung des jungen Mannes ihn zu halten war vergebens. Sie trafen endlich an einen Platz

,wo das Ufer äusserst steil, der Weg schmal, und
der Abgrund sehr tief war. Ein Rad des Fahr-
zeugs kam zu nahe an den äussersten Rand, und
in dem Augenblicke stürzten Cariole, Pferd und
Männer hinunter. Aber der Sohn war herausge-
sprungen, hielt immer noch die Zügel, wurde
zwar mit hinuntergerissen, minderte doch aber die
Heftigkeit des Sturzes. Er kam grade zu der
Zeit hinunter an das Wasser, als sein lahmer
Vater schon im Begriff war zu ertrinken. Da
rettete ihn der Jüngling, und trug ihn an das
Ufer. Der Greis war ohnmächtig geworden, schlug
aber bald die Augen wieder auf, sahe seinen Sohn
an, und sagte freundlich: Weißt du nicht, mein
Sohn! daß denen, die Gott lieben, alle Dinge
zum Besten dienen? Diese Geschichte, die bey
den Menschen zur Ehre gereicht, ist pünctlich wahr.
Welche seltene Gegenwart des Geistes und Heiter-
keit der Seele in solchen Augenblicken!

5.

Ein Gerichtshalter auf einem adelichen Gute
gerieth einst auf der Gerichtsstube gegen einen
Bauer zu sehr in Zorn. Der Bauer von seiner
Seite wurde auch hitzig und hath endlich den
Richter auf eine sehr unanständige Art zu Gaste.
Der Gerichtshalter sprang vom Stuhle auf; der
Bauer eilte zur Thür hinaus; So gieng es über
den Gang, die Treppe hinunter, bis auf den Hof-

Hier begegnete ihnen der Gutsherr, ein äusserst
phlegmatischer Mann: „Wohin so schnell, Herr
„Gerichtshalter?" — „Ey! Ihro Gnaden" rief
der erzürnte Richter „Stellen Sie Sich vor,
„der verteufelte Bauer hat mir gesagt: ich soll
„ihn im - - - u. s. f." — „Nun! wenn auch"
erwiederte der Herr kaltblütig „damit hat es ja
„keine Eile."

6.

Wenn Einer von uns dem Andern Geld schuldig ist und nicht bezahlen kann; so pflegt er gegen
diesen mehrentheils gar demüthig und höflich zu
seyn. Bey den Großen der Erde hingegen scheinen solche Kleinigkeiten nicht immer Einfluß auf
ihr Betragen zu haben. Es ist wahr, man sagt,
sie könnten mündlich, unter vier Augen, sich zuweilen ohngemein herablassen, sobald sie es ihrem
Interesse angemessen fänden; aber schriftlich —
ja! das ist eine andre Sache; litera scripta manet.
Daß es eben so vor beynahe dreyhundert Jahren
gewesen, und die Fürsten auch damals schon, selbst
wenn sie in Verlegenheit waren, ihre, dem Vorurtheile nach angebohrnen Rechte nicht vergaßen,
beweiset folgender Brief des Herzogs Heinrich des
Jüngern von Braunschweig an einen Edelmann in
Hessen, dem er Geld schuldig war. (Ich habe
den Brief in verständlichers Deutsch übertragen.)
Er lautet also:

„Lieber Joſt! Dein Knecht hat hier etwas
„lange gelegen. Iſt die Urſache, daß ich nicht
„einheimiſch geweſen bin; Als habe ich ihn, nach
„meinem Wiederkommen, einen Tag oder drey
„aufgehalten, nachdem der mein Geld unter Hän-
„den hat. Ich hatte gemeint, der ſollte wieder-
„kommen ſeyn; Als habe ich erſehen, daß er noch
„in acht Tagen nicht kömmt; Als habe ich Deinen
„Knecht reiten laſſen, denn Du Seiner vielleicht
„bedürfen mögteſt, und will Dir es bey eigener
„Bothſchaft in Deine Behauſung ſchicken; Dir
„Gnade zu beweiſen bin ich willig. Datum Zell
„meine Hand. Dienſtag nach corporis Chriſti
„1491.‟

Das iſt gar luſtig zu leſen, wie der Schuldner
ſeinem Gläubiger Gnade zu beweiſen willig iſt.
Hätte er ihn doch lieber bezahlt!

7.

Sonderbarer Brief des Kaufmanns W. an den
Secretair B.

„Mein Herr! Ich habe vor einiger Zeit mit
„großem Befremden gehört, daß Sie bey jeder
„Gelegenheit übel von mir reden, da Sie mich
„doch gar nicht kennen; und heute erfahre ich,
„daß Sie im Begriff ſtehen, wegen zweyhundert
„Thaler Pupillengelder, die Sie nicht herbeyſchaf-
„fen können, in Verhaft genommen zu werden,

„welches mich denn sehr freuet, weil es mir Ge-
„legenheit giebt, Ihnen zu zeigen, daß ich nicht
„der Mann bin, für den Sie mich ausschreyen.
„Hier sind die 200 Rthlr, die ich Ihnen vorstrecken
„will, damit Sie aus der Verlegenheit kommen."

„Aber sagen Sie mir einmal: Sind Sie nicht
„ein miserabler Mensch, daß Sie von ehrlichen
„Leuten schlecht sprechen, und doch der ehrlichen
„Leute nicht entbehren können? Indessen hoffe
„ich, Sie werden Sich bessern. Ich bitte mir
„übrigens eine Quittung über das Geld aus, und
„verharre"

„Ihr dienstwilliger Diener W."

8.

Wie leicht auch die besten Fürsten das Unglück
haben können, eine Ungerechtigkeit zu begehn, die
nicht immer so wieder in das Feine zu bringen ist,
als diejenige, welche ich jetzt erzählen werde, beweiset folgende Anneedote: Ein sehr gütiger
Fürst, der gewiß nie vorsetzlich einem seiner Leute
Unrecht that, hatte in seinem Dienste einen Offi-
cier, der von unten auf gedient, und im Kriege
sehr unzweydeutige Proben seines Muths gegeben
hatte. Nach dem Frieden nahm ihn der Herzog
aus dem Militair weg, und gab ihm eine Zoll-
verwaltersstelle auf dem Lande. Kaum hatte er
diese Bedienung einige Jahre verwaltet, als er

durch eine Feuersbrunst Haus, Hof, Weib, Kind
und alle seine Papiere verlohr. Indeß war ein
neuer Krieg ausgebrochen, und unser alter Held
bekam noch einmal Lust sein Glück im Felde zu
versuchen; Er bath den Herzog, ihn wieder anzu-
setzen, und dieser ließ ihn als Capitain mitgehn.
Er that hier wiederum seine Pflicht; focht tapfer,
war von jedermann geliebt, setzte den Rest seines
Vermögens in dem Dienste seines Herzogs zu,
und kam nach geendigtem Kriege zurück, um den
Lohn seiner Arbeit zu erhalten. Das erste, was
ihm hier begegnete, war, daß er in Verhaft genommen wurde — Niemand begriff warum; die
Veranlassung aber war folgende: Ein neuer Fi-
nanzdirector war an das Ruder gekommen, wollte
sich bey seinem Herrn durch übergroße Pünctlich-
keit in Gunst setzen, suchte alle alte Ansprüche und
Forderungen hervor, und fand unter andern, daß
der ehemalige Zollverwalter, jetzige Capitain H***
keine Rechnung über seine Einnahmen abgelegt
hatte. H*** wurde befragt, berief sich auf den
Verlust seiner Papiere — Man machte eine große
Nachrechnung von Receß, — der arme Haupt-
mann konnte nichts bezahlen; und so wurde er
dann auf die Festung gesetzt. Niemand nahm sich
Seiner an; dem Fürsten war die Sache in der
besten Form Rechtens vorgetragen worden, und
so saß denn der Unglückliche ein Jahr lang, und
bekam täglich wenige Kreuzer zu seinem Unterhalte.

Dieß erfuhr endlich einer seiner ältesten Freunde und
der drang durch, bis zu der Person des Herzogs,
siegte gegen Cabale und Privathaß, und würkte
des Capitain H**** Befreyung aus. Nun war
er freylich nicht mehr in Gefangenschaft, aber
wovon sollte er leben? Man hatte ihm keine Pension ausgesetzt. In dieser traurigen Lage gieng
H*** grade in das Schloß zum Herzog: „Gnä-
„digster Herr! " sagte er, „Ich danke zwar unter-
„thänigst für die wieder erhaltene Freyheit; Al-
„lein da ich von derselben ohne Geld keinen Ge-
„brauch machen kann; so überliefere ich hiemit
„meinen Degen wieder, und bitte ehrerbiethigst,
„mich wieder auf die Festung bringen zu lassen.
„Ich habe Vermögen und Gesundheit in Ihrem
„Dienste zugesetzt. Ersparen Sie mir itzt den
„Schimpf, in meinen alten Tagen zu betteln!
„Während meiner Gefangenschaft hatte ich doch
„täglich einige Kreuzer — Jetzt habe ich nichts."
Der Fürst erschrack, untersuchte die Sache genauer,
wurde gerührt, und verwilligte dem verdienstvollen
Manne eine reichliche Pension. — O ihr Fürsten!
wie oft wird auf diese Art Euer gutes Herz gemis-
braucht, wenn Ihr nicht mit eigenen Augen sehet!

9.

Ein gewisser Comte de *** besaß ein Landgut,
ohnweit M***, wo er sich durch seinen unerträg-

lichen, Hochmuthvollgemein verhaßt machte. · Eines
Morgens traf er bey einem Spaziergange an der
Mauer seines Gartens einen Soldaten aus M***,
ſitzend an, indem derſelbe gewiſſe Bedürfniſſe der
Natur befriedigte. · Der Graf hatte eine Vogelflinte
auf dem Rücken, nahm dieſelbe in die Hand,
ſpannte den Hahn, zielte auf den Soldaten, und
ſchrie erboßt: „Was unterſtehſt du dich, Kerl?
„Iſt es erlaubt, meine Mauer alſo zu beſchimpfen?
„Gleich friß das auf, oder ich erſchieſſe dich auf
„der Stelle." Der Soldat war ein Franzoſe —
Er bath, entſchuldigte ſich, flehete; Nichts half;
der abſcheuliche Graf zwang ihn, die ſchmutzige
Mahlzeit anzufangen. Als das Ungeheuer ſich eine
Zeitlang an dieſem ekelhaften Anblicke geweidet
hatte, erließ er ihm die fernere Strafe: „Je te
„fais grace du reſte" ſagte er. Der Soldat fiel
auf die Knie, dankte unterthänigſt für die Milde-
rung der Strafe, lobte die Gnade des Grafen, kam
dann auf ſeine eigene Perſon, erzählte, er ſey ein
Gewehrmacher von Profeſſion, lobte die Flinte des
gnädigen Herrn, machte dieſen treuherzig; Ein
Wort gab das andre; und ſo lockte er ihm endlich
das Mordgewehr aus der Hand, unter dem Vor-
geben, es zu beſehen. Aber kaum hatte es der
Soldat in ſeiner Gewalt, als er es dem Grafen
entgegen hielt, und mit fürchterlicher Stimme rief:
„Apréſent, Coquin! c'eſt à moi à te punir de ta
„cruauté! Avales-moi tout à l'heure le reſte, ou

„je te tuerai ſur le champ.“ Was war zu thun?
Der Graf wollte ſich unnütz machen; der Soldat
aber beſtand auf ſeine Forderung, und der gnädige
Herr mußte à ſon tour ſpielen. Hätte dieſer nun
noch Vernunft genug gehabt, den Vorfall zu verſchweigen; ſo wäre alles vergeſſen worden. Allein
er häufte Unſinn auf Unſinn, warf ſich in ſeinen
Wagen, fuhr nach M***, und verlangte von
dem Commandanten, er ſolle ihm den Soldaten
ausliefern. Der General lächelte, bey Erzählung
des Vorfalls, wendete alles an, den Grafen be-
greifen zu machen, daß ſeine eigene Ehre darauf
beruhe, die Sache zu verſchweigen; aber der Ra-
ſende drang auf Genugthuung. Man gieng auf
die Parade. Die Soldaten mußten Mann vor
Mann vorbeypaſſiren. „Voilà mon homme!“
rief der Graf. Er mußte heraustreten. „Con-
„noiſſés-Vous ce Seigneur là?“ fragte ihn der
Commandant. Der Soldat, ohne aus ſeiner Faſ-
ſung zu kommen, antwortete: „Comment ne le
„connoîtrois-je pas? Nous avons hier déjeuné
„enſemble.“ Die Geſchichte wurde bald allgemein
bekannt, und der Graf durfte ſich in keiner Geſell-
ſchaft mehr ſehen laſſen.

10.

Titel eines Romans aus dem vorigen Jahrhundert: „Liebeskampfes erſter Theil, das iſt:

„Eine scheinbare Geschicht des unglücklichen Lieb-
„habers Prodoci mit dessen Wunder beständig ge-
„liebten Meneen, allen treu verbundenen, auch
„redlich verliebt: so betrübten Gemütern zu Ver-
„treibung müssig und trauriger Stunden aus einer
„italienischen sogenannten Romain in unsere teutsche
„Muttersprache bestmöglichst übersetzt und der Welt
„vorgestellt von einem derselben Sprach Liebha-
„bern, genannt de la Grise. 1681.